孔子学院本土化视角下汉语国际教育专业硕士人才培养研究

A Study on the MTCSOL Nurturing: A Perspective of Localization of Confucius Institutes

◎ 邢清清 著

本书为北京市社科基金『首都高校共建孔子学院本土化模式研究』（18JYB016）的研究成果

北京理工大学出版社
BEIJING INSTITUTE OF TECHNOLOGY PRESS

版权专有 侵权必究

图书在版编目（CIP）数据

孔子学院本土化视角下汉语国际教育专业硕士人才培养研究 / 邢清清著. —北京：北京理工大学出版社，2019.4

ISBN 978-7-5682-6995-7

Ⅰ. ①孔… Ⅱ. ①邢… Ⅲ. ①汉语-对外汉语教学-研究生-人才培养-研究 Ⅳ. ①H195

中国版本图书馆CIP数据核字（2019）第076197号

出版发行 / 北京理工大学出版社有限责任公司
社　　址 / 北京市海淀区中关村南大街5号
邮　　编 / 100081
电　　话 / （010）68914775（总编室）
　　　　　（010）82562903（教材售后服务热线）
　　　　　（010）68948351（其他图书服务热线）
网　　址 / http：//www.bitpress.com.cn
经　　销 / 全国各地新华书店
印　　刷 / 保定市中画美凯印刷有限公司
开　　本 / 710毫米×1000毫米　1/16
印　　张 / 15　　　　　　　　　　　　　责任编辑 / 张慧峰
字　　数 / 201千字　　　　　　　　　　　文案编辑 / 张慧峰
版　　次 / 2019年4月第1版　2019年4月第1次印刷　责任校对 / 周瑞红
定　　价 / 80.00元　　　　　　　　　　　责任印制 / 李志强

图书出现印装质量问题，请拨打售后服务热线，本社负责调换

摘　要

　　本书是关于汉语国际教育专业硕士人才培养模式和个体学习者职业认同的实证研究和理论研究。研究将汉语国际教育专业硕士人才培养问题放在研究生教育国际化和孔子学院国际传播的大视野中，首先回顾了中国研究生教育发展、研究生教育国际化以及汉语国际教育专业硕士学位的发展脉络；接着以美国新闻媒介中的孔子学院形象为例，分析了孔子学院国际传播的现状和挑战，之后在国家汉办"孔子学院本土化"发展政策的基础上提出了"孔子学院本土化"的理论框架及其评价指标。在实证研究部分，本研究选取了汉语国际教育专业硕士学生两个不同的班级群体，通过社会网络分析方法、质性访谈方法、系统隐喻方法等研究方法描述汉语国际教育专业硕士学生在学期间的学习者互动学习关系，提炼班级"班风"类型及其与个体学习者职业认同的关系。此外，本研究还选取了一个加拿大孔子学院作为个案，描述了汉语国际教育硕士生作为志愿者教师在其孔子学院本土化活动中形成的职业认同。本研究提出了汉语国际教育专业硕士人才培养的"实践共同体"模式，即在孔子学院本土化的视域中，在国家汉办、培养单位、目的国孔子学院、汉语国际教育硕士、汉语学习者等多个利益相关方构成的"实践共同体"内实现的动态学习过程和职业认同建构过程。

关键词：汉语国际教育硕士；职业认同；孔子学院本土化；班风；社会网络分析

A Study on MTCSOL Nurturing: A Perspective of Localization of Confucius Institutes

Based on the social learning theory, this book presents the results of both an empirical study and theoretical research on the cultivation mode and professional identity of MTCSOL (Masters of Teaching Chinese to Speakers of Other Languages) at both interactive and individual levels. Tackling the issue under the context of the internationalization of higher education in china and localization of Confucius Institutes, the book first reviews the development of postgraduate education and professional degrees, especially the development of MTCSOL in china, then the book analyzes the the current challenges faced with the sustainable development of Confucius Institutes taking the CI image in U. S. news media as an example. Based on the development policy of Hanban's "Localization of Confucius Institutes", the book proposes the concept, the theoretical framework and evaluation indicators of "localization of Confucius Institutes". In the empirical study part, two different classes of MTCSOL are selected, and the social network analysis method, qualitative interview method, systematic metaphor method are applied to describe the interactive learning relationship between learners in the two classes. The concept of "class learning style" is addressed, and its influence on individual learners' professional identity is described. In addition, an example of a Canadian Confucius Institute is chosen to probe the process of how professional identity of volunteer teachers has been formed. This book proposes the model of "Community of Practice" (COP) for the MTCSOL nurturing, that is, professional identity of MTCSOL is dynamically realized in a COP formed by the Hanban, the Chinese universities, the Confucius Institutes, the master candidates and the local Chinese learners at the confucius Institute.

Keywords: MTCSOL; professional identity; localization of Confucius Institutes; class learning style; social network analysis

目 录

第一章 绪论 / 1

第一节 中国研究生教育的历史沿革 / 3
一、改革开放之前的研究生教育：起步和挫折期 / 4
二、研究生教育的恢复期：1978年到1999年 / 4
三、研究生教育的提质增效期：2000年至今 / 6
四、研究生专业学位的发展沿革 / 9

第二节 中国研究生教育的国际化历程 / 12
一、中国研究生教育国际交流合作：从"走出去"到"请进来" / 14
二、中国研究生教育国际交流合作的成就 / 22
三、中国研究生教育国际交流合作的未来方向 / 26

第三节 国际化视野中的汉语国际教育 / 28
一、知识生产方式转变对专业硕士人才的要求 / 28

二、孔子学院作为汉语国际教育专业硕士发展的基础 / 30

第二章 孔子学院本土化：现实和理论 /35

第一节 孔子学院国际传播现状 / 36
一、孔子学院在美国的传播情况 / 38
二、美国媒体对孔子学院的报道分析 / 41

第二节 孔子学院本土化理论建构 / 45
一、孔子学院本土化理论框架 / 45
二、孔子学院本土化面临的挑战 / 49
三、孔子学院本土化的知识论内涵 / 52

第三章 核心概念界定 /57

第一节 "职业认同"相关概念界定 / 59
一、认同 / 59
二、职业认同 / 62

第二节 社会学习理论与"合法的周边参与" / 64
一、社会学习理论视角下的"学习" / 64
二、合法的周边参与 / 67
三、汉语国际教育专业硕士班的"班风" / 74

第四章 汉语国际教育专业硕士人才培养研究的新角度："班风" /89

第一节 研究方法 / 94
一、社会网络分析方法 / 95
二、质性研究方法 / 104

三、社会网络结构和交换网络 / 108

第二节 研究程序 / 111
　　一、研究设计 / 111
　　二、进行预研究 / 113
　　三、正式研究步骤 / 114

第三节 研究发现 / 116
　　一、学习者网络中心性：四种指标 / 118
　　二、交往学习模式体现的"班风" / 122

第四节 汉语国际教育专业硕士"班风" / 127
　　一、内聚—资源整合型"班风" / 127
　　二、发散—资源均分型"班风" / 131
　　三、关于不同"班风"的讨论 / 137

第五章　孔子学院个案：志愿者教师在文化活动中形成的"职业认同" / 141

第一节　萨斯喀彻温大学孔子学院的本土化文化活动 / 142
　　一、四类主要本土化文化活动 / 143
　　二、利益相关方访谈 / 146

第二节　发现及讨论 / 149

第六章　"实践共同体"：汉语国际教育专业硕士人才培养的理论框架 / 155

第一节　汉语国际教育专业硕士职业认同研究的理论框架 / 158

第二节　汉语国际教育专业硕士班级"班风"和职业认同关系理论框架 / 162
　　一、职业认同的表征1：固化 / 165

二、职业认同的表征2：参与 / 167

第七章 研究总结与研究反思 /169

第一节 研究总结 / 170

第二节 研究者反思 / 177

一、孔子学院本土化：讲好中国故事 / 178

二、"实践共同体"模式对专业硕士人才培养的参考价值 / 182

参考文献 /187

中文参考文献 / 187

英文参考文献 / 200

网站参考文献 / 226

附录 调查问卷 /228

后记 /230

第一章

绪 论

从制度安排上讲，在对外汉语教学学科基础上开设汉语国际教育硕士专业学位，是国家培养面向世界的对外汉语教学师资的重要举措。汉语国际教育硕士英文名称为"Master of Teaching Chinese to Speakers of Other Languages"，简称MTCSOL，即"面向海外母语非汉语者的汉语教学"。2007年国务院学位委员会审议通过设置该专业，其目的是"提高我国汉语国际推广能力，加快汉语走向世界，改革和完善对外汉语教学专门人才培养体系，培养适应汉语国际推广新形势需要的国内外从事汉语作为第二语言/外语教学和传播中华文化的专门人才"。汉语国际教育硕士专业学位培养目标为"适应汉语国际推广工作，胜任汉语作为第二语言/外语教学的高层次、应用型、复合型专门人才。汉语国际教育硕士专业学位获得者应具有扎实的汉语言文化知识、熟练的汉语作为第二语言/外语教学的技能、较高的外语水平和较强的跨文化交际能力"（国家汉办官网，2019）。

本书第一章从中国研究生教育的历史发展沿革、中国研究生教育国际化历程及汉语国际教育专业硕士的设立目的开始探究；第二章将汉语国际教育专业硕士放到其赖以生存的环境，即孔子学院可持续发展的视野中加以考察；接着分析了国家汉办的"孔子学院本土化"政策，并在此基础上提出其理论框架和评价指标。第三章界定了本书所涉及的核心概念。第四章和第五章分别描述了两个实证研究：一是描述汉语国际教育硕士在校学习交往关系的"班风"研究；二是描述汉语国际教育专业硕士以志愿者教师身份在孔子学院工作中形成的"职业认同"研究。第六章总结了汉语国际教育专业硕士人才培养的两个重要侧面："班风"和"职业认同"，并提出了"实践共同体"框架下汉语国际教育专业硕士人才培养模式。第七章总结了研究结论，并进行了研究反思。

第一章 绪 论

第一节 中国研究生教育的历史沿革

将汉语国际教育专业硕士人才培养问题放在中国高等教育国际化和汉语国际推广的大背景下加以考察是很有必要的。从历史视角看,中国研究生教育国际交流合作与国家经济领域的对外开放政策同时开始,其发展历程与国家社会和经济发展密切相关。分析改革开放40年以来的研究生教育及其国际化发展,才能了解汉语国际教育专业硕士在研究生教育中的地位和作用。

研究生教育作为高等教育的最高层次,通过积累人力资本,对经济增长起重要推动作用。根据2017年《全国教育事业发展统计公报》,研究生培养机构815个,其中,普通高校578个,科研机构237个。研究生招生80.61万人,其中,全日制69.19万人。招收博士生8.39万人,硕士生72.22万人。在学研究生263.96万人,其中,在学博士生36.2万人,在学硕士生227.76万人。毕业研究生57.80万人,其中,毕业博士生5.8万人,毕业硕士生52.0万人,满足了高等教育部门人力增加和更替的需求(教育部网站,2019)。

研究生教育在国家科学技术发展、国家知识创新体系、国防和国家安全建设等方面起着不可替代的重要作用,尤其在科学研究中,研究生群体已经成为重要的支撑力量。据不完全统计,我国各研究生培养单位中75%以上的科研项目都由在读研究生参与完成(薛天祥,2005)。我国研究生对科研的参与越来越多、对高水平科研产出的贡献越来越大;在Nature、Science、Cell等国际顶级期刊上中国高校研究生的名字出现的频率越来越高。国内高水平大学毕业的博士生去国际知名高校直接担任教职的案例也越来越多。这说明我国的研究生教育质量已经得到了国际相关领域的高度认可。

我国研究生教育规模的发展与国家社会经济情况密切相关,经历了起步和挫折期、恢复期、提质增效期几个主要阶段。

一、改革开放之前的研究生教育:起步和挫折期

1949—1956年,研究生教育经历了起步期。新中国在这个时期掀起了经济建设的高潮,国家非常重视各类人才的培养。新中国成立初期的1949年,全国仅有2.34万研究生。1951年,国家颁布的《关于改革学制的决定》,是首个研究生教育的国家文件,规定"大学和专门学院设立研究生部,修业年限为三年以上,招收大学和专门学院毕业生和同等学力者,与中国科学院及其他研究机构配合,培养高等学校的师资和科学研究人才"。1956年,国家提出"向科学进军"的口号,大力培养科技人才,研究生招生数比前两年有较大增加,1956年的全国研究生招生数是1949年的9.2倍,1956年研究生在校生数是1949年的7.7倍。1956—1977年,研究生教育经历了严重挫折。国内经济"大跃进"运动和严重自然灾害,国际关系上中苏关系破裂,苏联专家撤走,研究生教育遭遇挫折。1966—1976年,中国爆发了"文化大革命",全国性的"内乱"严重破坏了国家的政治、经济、社会、文化的正常秩序,教育事业也深受其害。1966年6月,高等教育部发出通知,宣布1966年、1967年的研究生招生"暂停"。从1966年7月到1976年年底,国家高教部、教育部被解散,研究生教育处于瘫痪状况。

二、研究生教育的恢复期:1978年到1999年

1978年开始,中国在社会多个领域实行改革开放政策,研究生教育也开始恢复。1978年到1999年,研究生教育完成了恢复招

生和初步建立研究生教育制度两项重要任务。1977年，国务院批准了《关于做好1977年高等学校招生工作意见》，恢复研究生招生，并明确提出研究生的培养目标是"具有系统而坚实的基础理论、专业知识和科学实验技能，能够独立进行科学研究工作"。1978年1月，教育部发布《关于高等学校1978年研究生招生工作安排意见》，决定1978年正式恢复招收研究生，并将1977、1978两年招收研究生工作合并进行，统称为1978级研究生。1981年，国家颁布《中华人民共和国学位条例》《中华人民共和国学位条例暂行实施办法》以及《关于审定学位授予单位的原则和办法》，明确提出了学士、硕士、博士三级学位的学术标准以及培养机构学位授予工作的权限，标志着新中国建立了学历学位制度，中国学位与研究生教育走上了制度化的道路。为了保证研究生教育的质量，国务院和教育部相继采取了一系列措施，如严格学位授予权的审定、加强学位的评估工作、试办研究生院，等等。与此同时，研究生招生规模迅速发展，大大超过了"文化大革命"前，如1978年至1984年，共招收研究生128271人，相当于"文化大革命"前17年招生总和的5倍多。1984年开始，国家颁布了系列改革措施，进一步扩大了对外开放，促进研究生教育的发展。1984年的《中共中央关于经济体制改革的决定》指出，只有依靠科技进步才能激活经济，国家需要一支庞大的高级专门人员队伍推动科技进步。1985年的全国科学大会主张促进研究和教学之间的牢固联系，并同意建立一个新的国家级科学基金，即国家自然科学基金，从而保证大学和研究所的研究人员都有资格申请并根据同行评议作出评价。国家自然科学基金的设立为研究生教育与科技进步的完美结合提供了路径，并在一定程度上保证了高等教育机构、特别是提供研究生教育的机构在国家前沿研究中的新作用。1985年5月召开的全国教育工作会议通过了《中共中央关于教育体制改革的决定（草案）》，允许各机构根据与用人单位的协议进行委托招生，招收自费生。研究生教育在这个时期出现迅速增长趋势，其速度在世界研究生教育史上也不多见。1978—1994年17年时间，中国录取了46万名研究生，毕业了31.3万名研究生，是"文革"前毕业研究生数的15倍。1978—1998年的20年间，中国的研究生年招生人数从1.09万人增加到12.8万人，而英国、日本和苏联的研究生教育达到这个规模分别用了29年、34年和31年。

三、研究生教育的提质增效期：2000年至今

进入21世纪，研究生教育支撑经济社会发展的作用更加突出。国际形势发生了巨大变化。美国挟科技与教育创新方面的领先优势，继阿富汗战争后又发动了伊拉克战争，人类世界的多极化趋势受到严重挑战，单极化趋势大行其道，世界均势被打破，国际公约变得软弱无力，各国的主权都面临着或潜藏着威胁。在世界超级大国咄咄逼人的攻势面前，各国政府竞相制定了加速科技与教育发展的强国战略，期望在新一轮科技经济中心转移中能够占据有利位置，期望本国的安全、长期繁荣和可持续发展有切实的保证。国家在新世纪之交，面临着生产力和科技、教育还比较落后，人力资源遭遇严峻挑战的具体困难。

（1）国民科学文化素质偏低。我国人均受教育年限为8年，而美国为13.4年、爱尔兰为11.7年、韩国为12.3年；年高等教育毛入学率为14%，1997年发达国家高等教育毛入学率的平均水平为61.1%，世界平均水平为17.8%。

（2）劳动力知识结构重心偏低。2000年我国从业人口中，具有高中及以上学历的比例为18%，具有大专及以上学历的比例仅为5%，而1998年OECD国家对应指标的平均值分别为80%和26%。

（3）人才状况不适应国际竞争和产业结构调整的要求。

以上因素决定了我国全面建设小康社会不能依循常规，只能选择和实施跨越式发展战略，充分利用我国的各种科技与教育资源，加速发展高等教育，大规模培养全面建设小康社会所需的高质量人才。此外，随着改革开放的深入，国家产业结构发生较大变化，尤其以第三产业的发展最为迅速，信息业、服务业、商业、金融业和文化娱乐业为第三产业主体。第三产业产值占 DGP 的比重由 1985 年的 28.5% 增长到 2000 年的 33.2%，从业人员所占比例由 1985 年的 16.7% 增长到 2000 年的 27.5%（《中国教育与人力资源问题报告》课题组，2003）。在此发展趋势下，社会对从业者的素质也提出了更高的要求，尤其是对高层次应用型人才的需求达到了前所未有的程度。综合考虑国家战略、社会基本需要、培养单位承载能力等因素，研究生教育在 21 世纪得到了充分的发展，实现了研究生规模的持续增加。

"十三五"时期，我国研究生教育发展年增长率保持在近 5 年到近 10 年的平均值之间，即基本维持 5.66%~7.36% 的年增长率。研究生招生规模稳步增长，高层次人力资源供给有较大幅度增长。2005—2014 年，研究生在校生规模年均增长率为 7.36%；2010—2014 年，研究生在校生规模年均增长率为 5.66%；2015 年在学研究生已达到 230 万人，比 2010 年增长约 20%，授予博士、硕士学位 66.9 万人，比 2010 年增长 32%。党的十八大以来，研究生教育的类型结构越来越合理，专业学位发展非常迅猛，研究生规模越来越大，所涉及的高校与专业越来越多，而且在培养模式上也在不断改革与健全。2013 年 11 月，教育部与人力资源社会保障部共同发布了《关于深入推进专业学位研究生培养模式改革的意见》。在《意见》的指导下，我国专业学位的教学资源（如案例库等）越来越丰富；企业、行业与相关协会也积极参与专业学位的培养,和高校一起探索构建应用型人才产学合作培养的新机制,高校专门针对专业学位培养的实习与实践基地大幅度增加;校内外双导师制不断加强与完善,更加有助于专业学位以职业需求为导向的落实。专业学位越来越得到社会的认可,专业学位研究生的培养质量在稳步提升。研究生授权制度的改革和招生选拔制度的改革做到了从源头上确保研究生教育的质量;在培养上,探索分类培养的评价制度,专业学位侧重对职业核心素质的培养与评价,学术学位侧重对知识生产与创新的培养与评价。2014年,为满足经济社会发展对高水平应用型人才的需求,国家开始大力发展专业学位。专业学位硕士近年来不断发展,已日益被考生及用人单位所认可。教育部《专业学位研究生教育综合改革试点验收报告》显示,各专业学位的第一志愿报考率均有不同程度增加。国家将专业硕士纳入国家研究生经费投入与奖助学金机制,消除了专业硕士和学术硕士之间最重要的一道身份屏障,真正实现了"平起平坐"。

党的十八大以来,学位与研究生教育坚持"服务需求、提高质量"主线,深化综合改革,创新培养机制,取得了显著成绩。

第一,研究生教育规模稳步扩大。2014年,我国研究生招生数为62.1323万人,较2010年增长15.4%;研究生在校生数为184.7689万人,较2010年增长20.1%。其中,博士生31.2676万人,较2010年增长了20.75%,硕士生153.5013万人,较2010年增长了19.97%。

第二,专业学位研究生教育快速发展。我国研究生教育的总体结构趋于合理。2014年,我国专业学位研究生在校生数达61.2854万人,较2010年增长了176.48%;而学术学位研究生在校生数则为123.4835万人,较2010年减少了6.22%。

第三,研究生教育的培养质量和水平显著提高,为我国经济社会快速发展提供了良好的人才支撑和智力支持。过去 5 年，我国研究生教育逐渐从以前重视规模发展，转为控制规模，重视质量建设。统计数据显示，2014 年，我国招收研究生 57 万人，比上年增加 3.1 万人，增长 5.4%。2015 年我国招收研究生 63 万人，比上年增加 6 万人，增长 10.5%。2016 年，我国招收研究生 51.7 万人，比上年减少 11.3 万人，减少了 17.9%。

四、研究生专业学位的发展沿革

国家自 1978 年恢复招收在职研究生，于 1981 年开始实行学位制度。全日制在职研究生年招生人数由 1978 年的 1 万人增加到 2006 年的 39.79 万人，在学在职研究生总人数由 1980 年的 2.16 万人增加到 2006 年的 110.47 万人。在职研究生教育的发展促进了我国高层次专门人才的培养和成长，为国家各项事业的发展输送了大批迫切需要的人才。1981—1989 年，由教育界发起，经国家批准，专业学位研究生教育通过政策获得了合法性。1981 年召开的国务院学位委员会学科评议组会议专家提出，国家应着力扩展博士和硕士研究生的路径，而非将学术型学位作为我国高级专业人才的唯一培养渠道。1984 年，清华大学等 11 所知名工科院校的联合建议书《关于培养工科类硕士生的建议》，对培养适合于工矿企业或应用研究院的专业工程科技人才提出了比较详细的方案，并建议政府在合适的时机应尝试设立工学硕士学位。1986 年，原国家教育委员会发布《关于改进和加强研究生工作的通知》，要求研究生培养既要培养学术型科研人才，也需要培养专注实践的应用型高级人才。1988 年，国务院学位委员会第八次会议专门讨论专业学位的设置问题，明确提出，获得专业学位的毕业生的主要任务不是从事科研，而是面向社会职业解决实际问题，如医生、工程师、律师、企业管理者等。1990 年国务院学位委员会第九次会议上通过了《关于设置专业学位调研工作的情况汇报》《关于设置医学专业学位的初步设想》《关于设置和试办工商管理硕士学位的几点意见》《关于开展建筑学专业学位研究工作的意见》等文件，并正式将"职业学位"正式修改为"专业学位"，对外英译为"Professional Degree"。1993年国务院学位委员会第十二次会议上明确提出当年的工作要点是开展专业学位（工商管理硕士、建筑学和临床医学）的试点实施工作。1996年，国务院学位委员会第十四次会议上又审议通过《专业学位设置审批暂行办法》，对专业学位的设置目的、层次、审批、培养和管理诸环节作出了制度上的规范。将专业学位定位为：具有职业背景的学位，目的是培养特定职业高层次专门人才；在专业学位的层级结构上，将专业学位分为学士、硕士和博士三级，但一般只设硕士一级；各级专业学位与我国先行各级学位相对应并处于同一层次；专业学位在名称上表述为"××（职业领域）"硕士（学士、博士）专业学位。1997年开始，国家全面招收在职非全脱产专业学位人员。尽管初始招生只是针对法律、工程、建筑学、工商管理等有限的几个专业，但招生对象在类别上的扩展以及受教育主体的层次化都极大地推动了专业学位发展。1999年，教育部和国务院学位委员会下发《关于加强和改进专业学位研究生教育的若干意见》，指出专业学位研究生教育制度是学位与研究生教育制度的重要组成部分，是针对我国国情和教育现实需求而培养应用型高层次专门人才的有效途径。

我国自1991年开始实行专业学位教育制度。2009年以后，教育部作出决定，硕士研究生主要面向应用，推出"全日制专业型硕士"。根据《学位与研究生教育发展"十三五"规划》，中国2020年将建成亚太区域研究生教育中心，在学研究生总规模将达到290万人，专业学位硕士招生在全部研究生招生中的占比达到60%左右。2010年颁布的《国家中长期人才发展规划纲要（2010—2020年）》明确提出，"加快发展专业学位研究生教育是高等教育下一阶段发展的重要任务",到 2017 年为止,全国已经建设 47 种专业学位类型,基本覆盖了国民经济和社会发展的主干领域,专业硕士学位研究生为 135.05 万人,在研究生总体中首次占比超过 50%。2018 年全国新增 3 000 余个硕博点,中国高校迎来了史上最大规模的研究生扩招。2019 年的研究生招生中,我国有 28 所"双一流"建设大学提高了研究生的招生人数,总计扩招人数为 8 500 人左右(包括非全日制研究生)。至此,按照科学学位和专业学位研究生分类培养人才的两种研究生学位类型,在招生选拔、培养目标、课程设置、教学理念、培养模式、质量标准和师资队伍建设等方面根据不同社会需求的定位,实现了差别化的培养。

规模和结构的扩张和改变给专业硕士研究生教育带来了质和量统一提升的挑战。中国高等教育规模已经位居世界第一,但高端应用型人才培养数量不足。同时,一些专业的培养规模远远超出经济发展实际需求,关于研究生就业难、学历贬值的声音频频见诸报端。专业硕士研究生自身的特征决定其人才培养的特殊性。与学术型硕士相比,专业硕士研究生教育具有"职业性、复合性和应用性"的特征。学术型硕士学位按学科设立,以学术研究为导向,偏重理论和研究,培养研究人员;专业学位以专业实践为导向,重视实践和应用,培养在专业和专门技术上高层次应用型人才。但在教学实践中,专业硕士培养机构由于学制、专业性质及师资力量的差别,专业硕士的发展情况参差不齐,专业型硕士培养与学术型硕士区别不大。在专业硕士数量占据研究生教育半壁江山的现实情况下,专业硕士的人才培养质量成为社会和学界关注的重点。国家就专业硕士的招生、培养和管理已经出台了系列文件,提出了专业硕士培养模式创新和管理机制改革的要求,"在专业硕士学位研究生教育的课程体系设置、师资队伍建设、教学内容与方式、研究课题和专业技能训练、实验室和实习实践基地建设、考核评价标准和方式方面有实质性的创新"；管理机制改革"重点在硕士专业学位研究生教育的招生结构调整、与行业和企业共建合作、教学科研考核与评价机制、奖助贷体系建立、教育管理机构完善等方面有突破性的改革"。大量文献研究了专业硕士的人才培养、产学研合作模式、质量保障、国际经验等，也有从翻译、国际商务、教育、会计等不同专业角度出发进行人才培养模式探讨的研究，其中，理论与实践脱节、实际操作能力难以符合用人单位标准等问题成为焦点性瓶颈问题。

第二节 中国研究生教育的国际化历程

全球范围内的高等教育全球大众化和国际化是应对经济全球化的措施。在经济全球化的同时，世界各国纷纷追求高等教育国际化，但出发点和归宿不同。制定规则的发达国家的高等教育国际化通过给予而获利，比如接受留学生、提供奖学金、提供科研资助等，通过给予而促进了其知识、技术、产品、规则、价值观的扩散；发展中国家的高等教育国际化则是通过参与而获利，比如出国留学、参与科研合作、引进优质教育等，通过参与而获得人才、新知识、技术、产品和规则，从而与国际接轨。

在经济领域里，20世纪80年代以来世界经济在国际货币基金组织、世界银行和美国政府主导下形成的《华盛顿共识》（Washington Consensus）已经证明，一切由市场主导的新自由主义不能拯救发展中国家，如同经济领域全球化是"双刃剑"一样，教育国际化对发展中国家的影响也有其两面性。在发达国家推动并制定规则的前提下，国际化的过程就是建立"富人俱乐部"的过程，其首要目的是占有优秀的国际人才资源，提升教育产业受益，促进本土经济发展，而发展中国家在这个过程中必须要经历从"边缘"到"中心"的过渡。

举例来说，教育国际化对美国的科学和工程领域影响最为明显。全球约20%的科学和工程博士学位由美国大学授予。以高度国际化的计算机科学专业为例，大约60%的计算机科学博士学位是由美国国际留学生获得。2002到2006年，美国计算机科学领域的国际学生增长率超过了60%（IIE，2006），这些学生大部分留在了美国。而中国作为美国留学生最大的输出国则在这个过程中经历了人才流失，在1980年到2002年间，有100万名留学生没有返回国内工作。

改革开放40年来，我国在对外开放政策下履行WTO教育服务贸易承诺，制定出台新的中外合作办学法规，坚持"请进来"和"走出去"相结合的方针，大力引进国外优质教育资源和智力，不断提高我国教育与人力资源开发的国际化程度。中国在世界范围内的高等教育全球化活动中占据越来越重要的地位，目前已经成为全球最大的留学输出国和跨境办学市场，亚洲最大的留学目的国。中国大学的学术研究影响力、研究资金投入和海外影响力逐年上升，体现出中国高等教育、特别是研究生教育质量的不断提升。2017年，中国出国留学人数首次突破60万人大关，达60.84万人，同比增长11.74%，持续保持世界最大留学生生源国地位。同年，留学人员回国人数较上一年增长11.19%，达到48.09万人，其中获得硕博研究生学历及博士后出站人员达到22.74万人，同比增长14.90%。中国留学生出国学习、回国服务规模双增长，与国家战略、行业需求契合度不断提升，发展态势持续向好。

改革开放40年来，我国各类出国留学人员累计已达519.49万人，目前有145.41万人正在国外进行相关阶段的学习和研究。以2017年为例，我国出国留学人员目的地仍相对集中，多数前往欧美发达国家和地区求学。同时，"一带一路"沿线国家和地区成为新的增长点，2017年赴"一带一路"沿线国家和地区的留学人数为6.61万人，比上年增长15.7%，超过整体出国留学人员增速。从1978年到2017年年底，我国出国留学相关数据表明，留学回国人数稳步提升，高层次人才回流趋势明显，有共计313.20万名留学生在完成学业后选择回国发展，占已完成学业留学生人数的83.73%，回流态势迅猛。

一、中国研究生教育国际交流合作：从"走出去"到"请进来"

教育对外开放是我国改革开放事业的重要组成部分。中国研究生教育国际化发展的第一个阶段是开放起步阶段（1978—1985年），顺应国家改革开放的方针政策，推动研究生教育的改革开放是这一时期研究生教育国际化的主要背景和原因。1978年12月，中央召开十一届三中全会，作出了改革开放的重大决策，确立了以经济建设为中心的基本国策，开始了中国特色社会主义道路的探索。1978年我国恢复开展研究生教育，也迎来了研究生教育国际合作的大发展时期。

（一）研究生留学教育发展历程

邓小平同志关于留学工作的指示，是改革开放后高等教育对外开放合作的里程碑，开启了我国新时期研究生教育国际合作的序幕，具有划时代的重要意义。1978年6月23日，邓小平同志指出，教育和科技必须实行对外开放，提出把派遣留学人员作为对外开放的有效手段，要扩大派遣留学生的规模，要扩大留学生的数量，特别是自然科学领域的留学生。1978年确定的国家公派出国留学生的具体政策是"重点突出、统筹兼顾、保证质量、力争多派"，教育部向中央上报了《关于加大选派留学生的数量的报告》，并制订了3 000人的派遣计划，确定了派出人员以进修生和研究生为主，也派出一定数量的本科生的政策。1979年，邓小平同志访问美国并签订《中美互派留学生协议》。

中央和国家教育部门颁布的关于留学工作的系列文件，标志着我国留学工作开始进入法治化、制度化、规范化的调整阶段。1986年，原国家教育委员会起草了《关于出国留学人员工作的若干暂行规定》，这是我国第一个全面、系统、公开发布的关于出国留学工作的文件，其内容包含出国留学事务的原则、组织管理、国外博士后研究、自费留学等方面的政策。根据这个文件，之后一年，国务院还出台了与公派留学问题有关的5个管理细则。1989年，国家将留学政策调整为"按需派遣，保证质量，学用一致"。此后，党和国家把出国留学的派出与回国统筹兼顾、并重推进，1992年8月确定"支持留学，鼓励回国，来去自由"，党的十四大和十五大也都强调"鼓励留学人员回国工作或以适当方式为祖国服务"。

2003年开始，是国家公派研究生出国留学进入层次和质量提高阶段。为配合科教兴国和人才强国战略以及《国家中长期科学和技术发展规划纲要（2006—2020年）》的实施，满足建设创新型国家对人才的战略要求，教育部和留学基金委员会于2007年设立了"国家建设高水平大学公派研究生项目"，连续5年面向国家的高水平大学，每年选出5 000名优秀学生，派往国外著名大学，师从顶尖导师。该项目开启了研究生教育走向国际化的新纪元，同时使高层次人才的培养和创新团队、基地平台建设和重大科研项目的实施有机结合，增强了研究生培养机构在教学与科研方面的综合竞争能力，也为研究生教育、特别是博士研究生教育质量的提高创造了有效途径。"国家建设高水平大学公派研究生项目"为硕士生和博士生的国际联合培养提供了强有力的经费和政策支持，同时也促进了国内各高校对研究生国际合作培养的重视与参与度。2006年，国家公派研究生选拔总规模仅为1 100人，而2007年仅国家公派联合培养博士生录取人数就有3 549人，2008

年为2 753人，2009年为2 477人，2010年为2 504人。公派中外联合培养博士生数量此后每年基本维持在2 500人左右，再加上国家公派专项研究生奖学金项目以及各校自己的联合培养博士生项目，我国每年到国外从事联合培养的博士生超过5 000人，占我国国内在校博士生总人数的2%。

随着经济和科技全球化的快速推进，国家面对激烈的竞争，急需提高教育国际化水平，培养大批具有国际交往能力、专业知识丰富的全球化人才。2010年，《国家中长期教育改革和发展规划纲要（2010—2020年）》颁布，其中第十六章专门论述了"扩大教育开放"，指出"加强国际交流与合作，开展多层次、宽领域的教育交流与合作，提高我国教育国际化水平"。这是21世纪我国颁布的首部国家教育中长期规划纲要，是我国教育事业国际合作与发展历史上的又一座新的里程碑，标志着我国研究生教育国际合作向更深层次和更高质量方向发展。此后，国家加强了紧缺人才培养。通过国际组织实习项目，在国际组织人才培养上取得重要进展。2015年，首次成规模面向联合国教科文组织选派实习人员，4人被联合国教科文组织、联合国国际法庭录用；4人被联合国教科文总部破例延长实习期限。与联合国教科文组织（UNESCO）、国际民航组织（ICAO）、联合国难民署（UNHCR）、国际电信联盟签署（ITU）和联合国粮农组织（FAO）签署合作协议。通过国际区域问题研究及外语高层次人才培养项目，派出外语非通用语种人才3 454人。先后为9个国内空白语种培养了师资人才。共派出国别与区域问题研究人才1 207人，涉及60个国家，其中35个为"一带一路"沿线国家，精准支持了教育部42个国别区域研究基地建设。配合国家"一带一路"倡议，近两年加大向"一带一路"沿线国家派出力度。

党的十八大以来，以习近平同志为核心的党中央对出国留学工作作出一系列重要部署。2013年10月,习近平总书记在欧美同学会成立100周年庆祝大会上提出了"支持留学、鼓励回国、来去自由、发挥作用"的新时期留学人员工作方针。2014年,全国留学工作会议,从社会人才战略、外交人才战略、国家形象战略的高度,对留学事业作出了总体谋划。习近平总书记对这次会议作出重要指示:留学工作要适应国家发展大势和党和国家工作大局,统筹谋划出国留学和来华留学,综合运用国际国内两种资源,培养造就更多优秀人才,努力开创留学工作新局面。2015年,教育部等五部委联合发布《2015—2017年留学工作行动计划》。2016年,中央办公厅和国务院办公厅颁布实施《关于做好新时期教育对外开放工作的若干意见》,提出加快留学事业发展。

改革开放40年来,我国留学事业取得了令人瞩目的成绩,为社会主义现代化建设作出了重要贡献。1978—2017年,各类出国留学人员累计已达519.49万人,其中2017年我国出国留学人数首次突破60万大关,达60.84万人,2017年留学人员回国人数较上一年增长11.19%,达48.09万人,其中获得硕博研究生及博士后出站人员达到22.74万人。

(二)国际学生研究生教育发展历程

改革开放之初,囿于国内自身的条件,我国高校没有招收国际留学生。1983年10月1日,邓小平为北京景山学校题词:"教育要面向现代化,面向世界,面向未来。"这为新时期我国教育体制的改革和发展指明了正确的方向。1984年,我国开始招收外国研究生,且逐步放宽"来华留学"的政策条件,逐步完善外国留学生的管理体制,拓展高校管理留学生的自主权,下放高校接受留学生的审批权。1985年,教育部公布了《中华人民共和国教育部关于调整对外国留学生发放奖学金和自费生收费标准的规定》,明确了自费到中国的留学生的收费范围和收费标准等，并设立了政府奖学金吸引国际学生。1985年颁布的《中共中央关于教育体制改革的决定》指出，教育体制改革既要借鉴国外的成功和失败的经验，也要不断总结我国的历史和现实的经验。要加强对外交流来发展我国的教育。这一纲领性文件的颁布使我国的研究生教育国际合作走上了快速发展的道路。

国务院学位委员会于1991年发布了《关于普通高等学校授予来华留学生我国学位试行办法》，明确规定了授予研究生学位的要求和程序，初步规范了来华留学研究生教育学位授予工作。1992年，原国家教育委员会颁布《接受外国来华留学研究生试行办法》，对接受国外留学研究生的院校及学科、专业、申请资格和办法等都做了详细规定。同年，中共十四届三中全会上确立了"支持留学，鼓励回国，来去自由"的留学总方针。1996年，国家设立"国家留学基金管理委员会"（中编办字〔1996〕92号），重点调整和完善了国家公派留学政策。国家留学基金管理委员会（以下简称国家留学基金委）的成立及职能发挥为规范我国研究生教育国际合作工作提供了组织机构保障，促进了我国研究生教育国际合作走上制度化的轨道。2000年，教育部发布《高等学校接受外国留学生管理规定》，提出高等学校接受和培养外国留学生的工作应当遵循的方针，并从管理体制、类别、招生和录取、奖学金制度、教学管理等方面对来华留学生工作予以规范管理。同年，教育部颁布《中国政府奖学金年度评审办法》，推动了外国留学生奖学金一年一次评审工作走向规范化。2001年，国家留学基金委第六次全体委员会议确定了吸引外国学生来我国留学的方针，提出要在提高层次、保证质量、注重效益方面加大工作力度。随后，来华留学研究生规模有了较大发展，到2002年，来华攻读硕士学位的研究生增长到2 858人，博士研究生增长到1 389人。中国的目标是到 2020 年吸引 50 万名外国留学生。

（三）吸引鼓励留学人才回流

20 世纪 80 年代中期以前，我国的研究生教育国际合作主要还是公派出国攻读学位，如果从教育国际服务贸易的角度讲，基本属于单向进口，很少有教育服务的出口。而且，随着公派留学人数规模的不断扩大，部分留学人员逾期不归、人才外流、留学效益不高等问题也日益显现，并引起了各方面的关注。在当时形势下，一方面我国高端人才匮乏，急需各方面的高级专门人才为国服务，如何使出国留学人员能按期回国，为祖国服务便成为一个非常紧迫的问题；另一方面，当时我国改革开放不久，各项事业还在恢复之中，国家依旧贫穷，公派留学经费有限，如何更合理地利用有限的留学经费，提高其使用效率，使有限的资金培养出国民经济各行各业急需的建设人才，也是亟待解决的问题。因此，亟须出台一套相应的政策规范和调整出国留学事务。可以说，通过各种制度政策吸引海外人才和留学人才归国服务是这一时期研究生教育国际化相关政策调整的动因所在。国家在"支持留学，鼓励回国，来去自由"政策下，出台了"长江学者""春晖计划""中国留学人员回国创业启动支持计划"等项目，每年在全国范围内遴选一批创新能力强、发展潜力大、市场前景好的留学回国人员创办的企业，在创办初始启动阶段予以重点支持，以加快其科技成果转化，实现企业快速发展。对于经人力资源社会保障部审批确定的重点创业项目，一次性给予创业支持资金 50 万元；对于确定的优秀创业项目，一次性给予创业支持资金 20 万元。相关地方应给予相应配套资金支持。而这些企业的法定代表人的要求即为获得硕士以上学位的留学回国人员，且需要拥有自主知识产权或发明专利，技术创新性强，具有市场潜力。回国创办企业的留学人员，按有关规定享受相应的税收优惠政策。2011年归国的留学生达到18.6万人，比2010多5万人。近两年来，归国学生的增长率达到30%。

鼓励和支持留学人员回国的政策不断完善，从中央政府部门设立的"春晖计划"和"春晖杯"中国留学人员创业大赛、"留学回国人员科研启动基金""留学人员创业园""千人计划"，到各地方的留学回国人才支持计划，北京、广州、辽宁、南京等地的留学人员回国创业周和交流会等活动，都为留学人员回国发展提供广阔的平台。归国留学人员在我国社会主义现代化建设中发挥着重要作用，这些人员不仅在引领高新科技经济发展和"双创"领域表现突出，而且在从政、参政议政方面以及慈善和社会发展等多方面，都有着优异的表现。"千人计划"（"海外高层次人才引进计划"）实施五年之后，中国开始推出"万人计划"。这一计划准备用10年左右时间，遴选支持1万名高层次人才。计划包括3个层次7类人才，其中第一层次100名，为具有冲击诺贝尔奖、成长为世界级科学家潜力的杰出人才。这些人才将会获得特殊支持，如安排每人约100万元用于自主选题研究。

改革开放以来，我国出国留学人数不断增多。据有关方面统计，我国在主要发达国家约有20多万人学成后留在海外工作，其中45岁以下、具有助理教授或相当职务以上的约6.7万人；就职于国际知名企业、高水平大学和科研机构，具有副教授或相当职务以上的高层次留学人才约1.5万人。随着改革开放的深入推进，中央提出要统筹资源、完善政策、健全机制，组织实施海外高层次人才引进计划，大力引进海外高层次人才回国（来华）创新创业。国家自2008年起实施海外高层次人才引进计划（即"千人计划"），清华大学、北京大学引进了诺贝尔物理学奖获得者杨振宁教授，世界著名应用数学家林家翘教授，世界著名计算机科学家、

"图灵奖"获得者姚期智教授,著名数学家田刚教授,以及生命科学领域著名学者施一公教授等。

(四) 中国高等教育国际化特征的转变

过去40年里,中国的高等教育随着改革开放产生了由"参与"到"对话"的转变。随着经济的快速发展,中国更加深入地参与全球化发展和高等教育国际化进程。除了公认的世界留学大国的地位,还集中表现为留学生人数的增长和孔子学院的快速发展。2016年,我国留学回国人员43.25万人,超过8成留学生学成后回国发展,较2015年增加了2.08万人,同比增长3.97%。根据美国国际教育协会(IIE)"Project Atlas"研究数据,2016—2017学年,世界八大留学目的国接收高等教育国际学生总数达3 533 999人,较2015—2016学年增幅稍有下降(0.04%);同时,在美国接受高等教育的国际学生较上一学年增幅下降3.7%,而英国仅上升0.3%。相反,中国、澳大利亚和加拿大三个国家的国际学生持续增长。中国继续保持第三大留学国位置,2016—2017年接收高等教育国际学生442 773人,同比增长11.4%,较上一学年增幅上升5.9%。来华留学生同比增速再次达到两位数。"一带一路"沿线国家成为来华留学发展的增长点。来华留学生人数增长最快的为韩国、泰国、印度、巴基斯坦、印度尼西亚和老挝,增幅的平均值超过20%。随着更多企业到"一带一路"沿线国家投资,提供更多就业岗位,这一区域国家来华留学还将有较大增长。

改革开放40年以来的研究生教育为探索中国特色、世界一流的高水平大学建设之路积累了宝贵的经验。"211工程""985工程"等重点建设项目实现了学科发展与平台基地建设、人才培养、科技创新、队伍建设的良性互动,一批学科达到或接近国际先进水平，我国高校在世界大学排名总体呈现上升态势，在论文和声誉指标方面进步显著。2015年，我国内地有25所高校进入英国QS世界大学排名500强，600余个学科进入美国基本科学指标（ESI）前1%，位列全球第六，约50个学科进入ESI前1‰。在生命科学、物理学、化学等基础学科领域，一批高水平大学已经形成了持续作出重大原创性成果的能力。吸引培育了一批国内外顶尖的学术带头人，目前"千人计划"入选人才在高校工作人数占比达63.8%。

二、中国研究生教育国际交流合作的成就

我国于1984年9月正式签署的《亚太地区高等教育相互承认学历、学位和文凭公约》为我国与其他国家的学分、学历、证书、文凭和学位互认提供了政策和法律依据。国务院学位委员会及其办公室承担了《亚洲和太平洋地区相互承认高等教育学历、文凭和学位公约》国家级执行机构的有关工作。从1988年以来，我国先后和俄罗斯等12个国家签订了相互承认高等教育学历、文凭和学位的双边协议。由于我国建立和执行了严格的审核、评估、管理制度，我国各级学位的水平在国际上树立了良好的形象

（一）学历学位互认

2004年3月，国家出台了《中华人民共和国中外合作办学条例》，这是我国首部关于国内外合作办学的条例，促进了国内外合作办学的发展。2004年6月，又发布了《中华人民共和国中外合作办学条例实施办法》，进一步完善了国内外合作办学的制度建设，明确了"扩大开放、规范办学、依法管理、促进发展"的中外合作办学的政策方针。近年来，国内许多著名大学与国际一流大学开展了双学位联合培养项目。双方互派研究生到对方学校学

习，学生在完成学业后，可获得中外高校双学位。如被德国主流媒体称为中德联合培养高层次人才先驱的上海交通大学与德国柏林工业大学联合培养硕士研究生项目。1983年，两校通过教授互访、举办双边学术会议等方式开始建立密切联系，2003年，两校签署了联合培养硕士研究生合作协议。目前，研究生参加国际学术会议、海外暑期学校、海外实习等研究生教育国际合作模式也获得了蓬勃发展，这些都扩展了我国研究生教育国际合作的深度和广度。

合作办学培养研究生是我国改革开放和教育国际化交流与合作发展到一定阶段的产物。1986年成立的南京大学中美中心是我国第一个中外合作办学机构，其中就包括研究生的教学与培养。之后的10年间，由于国家政策因素，研究生教育中外合作办学发展缓慢，自1995年原国家教委颁布《中外合作办学暂行规定》后才有较大的发展。国家公派留学项目主要由五大类项目组成：国家公派高级研究学者项目，国家公派访问学者（含博士后）研究项目，国家公派研究生（包括硕士和博士研究生）项目，与有关国家互换奖学金项目，国家公派专项出国留学项目。选派类别有：高级留学学者，访问学者，博士后，攻读外方博士学位研究生，中外联合培养博士研究生，攻读外方硕士学位研究生，本科生，还有少量的高中生和大学毕业后的实习生。

（二）中外合作办学

为充分发挥中外合作办学的效益，提高我国相应学科的办学水平，适应社会对高层次专门人才的需要，从1995年起，国务院学位委员会办公室根据国家有关规定，在我国比较薄弱、社会急需的学科，陆续审核并批准授予国外和香港地区学位的中外合作办学项目。实行学校自主招生、培养和管理，学生交纳全部培养费用和自主择业，不仅较成功地培养出一批社会急需的人才，而且及时地引进了国外先进的教材，直接学习并借鉴了有益的教学方法和管理经验，有效地提高了我国相应学科的办学水平，为我国高等教育的改革提供了宝贵经验，也受到求学者与社会的欢迎。

1986年南京大学与美国约翰斯·霍普金斯大学联合成立了南京大学中美文化中心。该中心作为政府间特殊合作项目之一，是我国最早的中外合作办学项目。在我国，真正意义上的研究生中外合作办学始于20世纪90年代初，第一个研究生合作办学项目是天津财经学院（今为天津财经大学）与美国俄克拉荷马大学合办的MBA班。随着机构、项目的逐渐增多和改革开放的不断深入，国家对中外合作办学的政策也经历了从禁止到不鼓励再到有限开放的过程。1993年2月中共中央、国务院颁布了《中国教育改革和发展纲要》，其中提出国家号召国内外同胞和友好人士为我国的教育捐助资金，要在合法合规的基础上进行国际合作办学等。

高校境外办学主要有三种形式：一是中方高校海外独立办学，如厦门大学马来西亚分校、北京大学汇丰商学院英国校区、大连海事大学斯里兰卡分校等10余所；二是中外高校联合办学，由中方高校与境外教育机构合作，采用"×+×"办学形式，学生短期在华学习，大部分时间在海外学习，如清华大学全球创新学院、北京师范大学—卡迪夫中文学院等；三是境外政府、企业或组织提供办学条件，由中方相对独立进行教育教学管理，如北京语言大学东京学院等。

（三）丰富的教育国际交流模式

研究生国际联合培养、参加国际学术会议、学术交流等模式，都是研究生教育领域自中国改革开放后出现的新生事物，有利于引进国外先进的教学理念、教学目标、教学手段等优质教学资源，推动我国研究生教育国际化的发展。联合培养研究生的模式包括："1+1"两年学制、"1+2"三年学制、"3+2"五年学制及"4+2"本硕连读模式。1993年开始，我国研究生每年以访学、科研合作、参加国际学术会议等多种形式出国访问的人数逐年快速增长，通过校际协议、合作办学、国家留学基金委的各类公派留学项目、国外相关机构和组织的奖学金和科研基金等各种渠道参加联合培养项目和出国继续攻读学位的研究生数量每年也稳定增长。如科研交流活动方面，以1990年为例，全国高等学校共派遣研究生1 110人，其中博士生822人，硕士生288人；参加国际学术会议3 856人次，交流论文4 186篇；出席在国内召开的国际学术会议8 784人次，交流论文8 364篇。

针对硕士生，重点开展双硕士联合学位项目，促进中外学生共同学习、学分互认、学位联授，并在培养环节中与企业紧密合作，旨在加强硕士生实践能力；针对博士生，积极推动以中外导师合作研究为基础的联合培养，学校设立短期访学基金，每年资助近300名博士生赴国外知名大学和重点实验室进行合作研究，联合指导，旨在提升博士生的学术创新能力。

国家公派出国留学国际影响力提升。国际知名大学和科研机构纷纷与国家留学基金委签约。国家留学基金委先后与联合国教科文组织等国际组织和哈佛大学、耶鲁大学、MIT、牛津大学、剑桥大学等新签、续签了226份合作协议，为国家公派留学人员进入国际组织和世界一流教育科研机构交流学习搭建了平台。优先资助学科、专业领域主要为《国家中长期人才发展规划纲要（2010—2020年）》确定的经济和社会发展重点领域、重大专项、前沿技术、基础研究，人文与社会科学领域，以及其他国家战略和重要行业发展急需领域。

(四) 国际产学研用合作

科技和教育合作是国际区域合作推动经济社会发展的重要内容，其中产学研用合作是教育产学研用的重要模式，结合产业发展"走出去"是重要的路径。以对俄合作为例，国家在国际产学研用方面推进了如下政策：一是推进"一带一路"沿线国家与欧亚经济联盟精准对接，聚焦白俄罗斯、俄罗斯、乌克兰等国的科技优势领域，努力开创产学研用国际合作新局面。二是和国际科技前沿动态与战略方向精准对接，探讨新技术与人类社会发展走向。三是和区域主导产业精准对接。江西是航空大省，是中国重要的新材料研发生产基地；黑龙江省具有与俄罗斯开展国际合作交流的地缘优势、产业优势、人文优势，合作基础坚实。中国与俄罗斯、乌克兰、白俄罗斯在航空航天、新材料等战略性新技术领域共建研究基地、工业园等实体性合作机构，为推动全球科技创新与教育变革作出了重要贡献，而材料、新材料、人工智能与航空航天等战略性新技术的产学研用，成为俄罗斯等国与中国高校交流与合作的优先领域，同时也促进了两国教育交流。以2012年为例，赴俄罗斯学习的中国公民数量与2010年相比增加了两倍，达到了3万人；来中国学习的俄罗斯公民数量与2010年相比增加了2.5倍，达到了1.8万人。国际产学研用将"引进来"和"走出去"相结合，推动优势互补，促进价值创造与价值共享。

三、中国研究生教育国际交流合作的未来方向

教育对外开放作为我国对外开放事业的重要组成部分，40年来形成了全方位、多层次、宽领域的教育对外开放格局，在培养高层次人才、推动中外人文交流、引进优质教育资源、服务"一

带一路"国家建设等方面，取得了可喜的成就。2016年，我国出国留学人员达54.5万人，已成为全球最大留学生生源国；来华留学人员达44.3万人，来自全球205个国家和地区，我国已成为亚洲最大的留学目的地国。中国研究生教育自20世纪70年代恢复至今，建立了比较完善的学位制度和质量保障制度，大幅度扩大了招生规模，2017年全国研究生招生80.5万人，在学研究生263.9万人，毕业生57.8万人。在研究生教育规模实现历史性、跨越式发展，为国家经济和科技的发展作出正向贡献的同时（谢延龙，2008；方超，2017；岳昌君，2016），学界和社会对研究生教育由扩大规模转向提高质量，从外延扩张转向内涵发展等问题的关注，引发了研究生教育在招生制度、培养模式、质量保障等多个领域的改革。一是发展理念尚未完全，主动服务国家大局的体制机制还不完善。二是培养模式与经济社会发展多样化的需求还不适应，研究生创新能力培养急需得到加强。三是制约质量提升的深层次障碍还有待破除，质量保证和监督力度需要加大；在知识经济和信息时代，全球化和本土化作为高质量研究生教育的两个考量角度，其内涵和外延需要加以清晰界定。

近五年来，随着我国经济社会发展进入新常态，研究生教育改革发展也进入了新的历史阶段（黄宝印，2015）。研究生教育改革需要认识新常态下的两个主要矛盾。

一是结构性矛盾，即国家经济建设和社会发展日益增长的需要和研究生教育不平衡不充分发展之间的矛盾，表现在目前的研究生教育尚难满足国家对大量的拔尖创新人才的需要，即供给侧和需求侧之间的矛盾。

二是新旧矛盾，即适度扩大研究生教育规模与大幅度提升教育质量之间的矛盾，表现在研究生群体的创新能力亟待提升以及研究生教育质量保障体系亟待完善两方面。从国际视野来看，中国高等教育质量建设还存在很多不足。具体表现为：对国际先进理念传播比较迟缓，国际上普遍形成的"以学生为中心""成果导向教育""培养质量文化"等先进理念没有得到应有重视。从国际化水平来看，我国研究生教育的国际影响力还比较低，出国留学者众，而国外来华留学生比例低，等等。

第三节 国际化视野中的汉语国际教育

考察汉语国际教育专业硕士人才培养问题离不开国际化视角，离不开中国特色的研究生教育。世界范围内，硕士研究生教育的主流发展趋势以培养应用型人才为主，知识生产方式的变革驱动着硕士生培养目标发生根本转变。知识经济时代，传统的知识体系的边界及其基础都不再清晰，大学面临着前所未有的挑战。知识社会背景下的大学需要回应并引领知识产品及其认知结构的变化（德兰迪，2010）。从启蒙运动到工业社会时期，以学科为基础的大学一直独立于社会进行知识创新和传承，近50年以来，经济的全球化引发了世界范围内知识创新方式的变化。

一、知识生产方式转变对专业硕士人才的要求

世界范围内，硕士生教育开始强调培养整合多种知识领域的跨界人才。学术部落间边界的模糊融合直接催生了跨学科硕士项目的兴起。

首先，知识创新的类型、种类、标准不再仅由大学制定，而是由各个利益相关者，或者是知识的消费者共同制定。在以"打破生产体系的国家界限，把各部分重构为一个全球生产体制"为特征的经济全球化过程中，知识需要与全球生产和市场体系相适应的全球性社会结构、关系体系和制度规则系统相适应，知识生产

更多地源于实际问题,具有天然的跨学科性质,有独特的理论结构、研究方法和实践模式。除了高等教育和科研机构之外,社会各个方面,如企业的实验室、智囊团、咨询机构、政府部门都出于自身的需要参与知识的生产和鉴别过程。

其次,知识创新成为一种新的社会价值观和社会行为方式,不再仅仅是某些社会个体、群体的职能或专利。学科界限逐渐模糊(Turner,2007),知识背景和训练各异的知识生产者随着不断出现的新问题而进行合作,知识生产团队往往是异质性很强的团队(陈洪捷,2010)。大学已不再是知识生产的唯一场所。正如吉本斯(Gibbons)在《知识生产新模式:当代社会科学与研究的动力学》一书中提出的,知识生产方式正在由模式Ⅰ向模式Ⅱ过渡。进入21世纪后,凯瑞亚尼斯和坎贝尔(Carayannis 和 Campbell,2009)又进一步提出知识生产模式Ⅲ,强调了创新网络和知识集聚两个要素。在人文社科领域,博雅文科硕士(The Master of Arts in Liberal Studies,MALS)项目为学生提供了同时在人文、艺术、自然科学和社会科学领域进行多学科研究的机会;在自然科学领域,传统的硕士学位倾向于建立在单学科的基础上,属于本科生教育的延伸或是为博士生教育做准备,如生物科学、物理学和化学。而专业科学硕士(The Professional Science Master,PSM)项目则旨在帮助学生为从事雇主满意的高级科学工作做好准备,其本质是科学研究、技术创新和商业管理的交叉融合。

从启蒙运动到工业社会时期,以学科为基础的大学一直独立于社会进行知识创新和传承,近50年以来,经济的全球化引发了世界范围内知识创新方式的变化,传统的知识体系的边界及其基础都不再清晰,大学面临着前所未有的挑战。

中国高等教育在改革开放以来取得了巨大成就,形成了独特的发展路径。通过实践,中国形成了建设"中国特色,世界一流"

大学的独特教育思想。党的十八大以来，党和国家领导人明确提出，中国要建设世界一流大学，必须具有中国特色，"我们要认真吸收世界上先进的办学治学经验，更要遵循教育规律，扎根中国大地办大学"（习近平，2014）。"中国特色世界一流大学"概念的形成经历了百年历程（耿有权，2016），从新文化运动时期胡适提出的"兼容并包"理念，到新中国成立后国家历次建设重点大学的举措，到20世纪80、90年代清华大学和北京大学先后提出"世界一流的、有中国特色的社会主义大学"的构想，到实施"985工程""211工程"重大计划，到教育部颁布《面向21世纪教育振兴行动计划》《国家中长期教育改革和发展规划纲要（2010—2020年）》"2011计划"等，中国当代高等教育、特别是研究型大学追求卓越的脚步从未停止，"中国特色、世界一流"的发展方向也逐渐明晰。

中国特色、世界一流的大学应具备优秀的对话和协商能力，在本土、区域以及全球创造适合知识生产和传播的组织环境。在知识经济背景下，知识的生产和传播已经不受时间和空间的限制，而是由人类行动和人与人之间的关系决定的动态过程，共同组成的学术共同体之内，由各个利益相关方共同创造的全新知识体系。"中国特色、世界一流"的研究生教育是一个全新的概念，需要学界进行内涵和实践的解读。中国特色、世界一流大学需要具备以全球视野组织知识生产、交换和传播活动，构建全球学术共同体的能力，而不是仅仅根据传统学科的界限生产知识，这也是社会发展到知识经济时代的客观要求。

二、孔子学院作为汉语国际教育专业硕士发展的基础

"中国特色、世界一流"的研究生教育选取汉语国际教育为例，具有其历史背景和时代特征。"汉语国际教育"是指面向海外

母语非汉语者的汉语教学。"为提高我国汉语国际推广能力,加快汉语走向世界,改革和完善国际汉语教学专门人才培养体系,培养适应汉语国际推广新形势需要的国内外从事汉语作为第二语言/外语教学和传播中华文化的专门人才,决定在我国设置汉语国际教育硕士专业学位。"在1997年教育部《授予博士、硕士学位和培养研究生的学科、专业目录》中,中国语言文学作为一级学科,下设两个语言类的二级学科,即"语言学与应用语言学"和"汉语言文字学"。为加快汉语国际化进程,完善国际汉语教育人才的培养体系,2007年国务院学位办批准设立汉语国际教育硕士专业学位点,专业学位名称表示为"××(职业领域)硕士专业学位"。2012年,教育部修订了普通高等学校本科招生目录,将"对外汉语、中国学和中国语言文化"三个专业合并,设立了"汉语国际教育"本科专业。汉语国际教育硕士专业学位应培养"具有扎实的汉语言文化知识、熟练的汉语作为第二语言/外语教学的技能、较高的外语水平和较强的跨文化交际能力"的人才,能在国内外各类学校从事汉语教学;在各职能部门、外贸机构、新闻出版单位及企事业单位从事与语言文化传播交流相关工作。在孔子学院等汉语传播单位作为志愿者教师从事汉语教学工作,是汉语国际教育硕士学生教学实践的重要内容之一。

  孔子学院规模的迅速发展导致了对汉语国际教育人才的大量需求,也引发了专业招生规模的快速发展。在过去的15年里,汉语国际教育的重要意义日益得到社会的认可。随着孔子学院规模的迅速发展,仍处于上升趋势。自2007年学位点设立以来,汉语国际教育专业硕士学科点培养了一大批专业师资,解决了国内外汉教师基本队伍需求问题,一大批专业能力强的汉语教学学子活跃在孔子学院和国内外汉语教学岗位上,成为汉语国际教育与推广的生力军。汉语国际教育专业硕士人才在全球汉语师资质量与数量的提升、服务孔子学院建设等方面发挥了重要作用。

汉语国际教育专业硕士的发展与孔子学院的发展密不可分。自2004年建立第一所孔子学院至2018年，全球154个国家（地区）建立了548所孔子学院和1 193个孔子课堂。147国家（地区）的孔子学院共548所，其中，亚洲34国（地区）126所，非洲43国59所，欧洲41国182所，美洲24国160所，大洋洲5国21所。注册学员达230万人（国家汉办网站，2019）。在过去的十几年里，汉语国际教育的重要意义日益得到社会的认可。随着孔子学院规模的迅速发展，其师资培养也成为汉语国际教育的重要任务。孔子学院规模的迅速发展导致了对汉语国际教育人才的大量需求，也引发了专业招生规模的快速发展。目前在孔子学院从事教学的约3万名教师中，由国家汉办派出的院长、教师、志愿者就有1.55万人，其中院长、教师6 300人，志愿者5 724人，各省、市教育厅（局）和高校派出志愿者3 476人。2007年设置汉语国际教育专业硕士学位时，仅有24所研究生培养单位具有招生资格，国家其后分别在2009年、2010年、2012年、2014年、2015年、2016年增加专业硕士点，到2019年，有151个研究生培养单位招收汉语国际教育专业硕士，其中59所高校为"211工程"高校，占所有招生单位的39%。除综合类院校和文科类院校之外，理工科高校也纷纷开设了汉语国际教育专业硕士学位点，汉语国际教育已经成为专业硕士中一支重要力量。但是，汉语国际教育专业硕士志愿者教师人数占比不到孔子学院教师总人数的1/5。高质量且稳定的汉语教师数量严重匮乏仍然是限制孔子学院可持续发展的一个瓶颈。

学界对孔子学院的研究仍然十分匮乏。在CNKI数据库以"孔子学院"为关键词进行检索，经过二次人工筛选，截至2018年5月31日，得到孔子学院直接相关文献2 129篇。其中期刊文献996

篇，包括核心期刊236篇，硕士论文213篇，博士论文3篇。研究主题主要涉及三方面。

一为孔子学院自身研究，包括孔子学院遇到的问题与对策、孔子学院的发展情况与现状、孔子学院办学模式探究、孔子学院教学层面研究、各国孔子学院发展建设等内容。如《国际化背景下孔子学院汉语教学中的问题及对策分析》（龙藜，2016），《"一带一路"背景下的孔子学院发展策略探讨》（詹海玉，2017），《海外孔子学院合作办学模式探析》（周志刚、乔章凤，2008），《孔子学院汉语教学现状与教学前景》（赵金铭，2014），《非洲孔子学院建设与汉语文化传播》（李秀红，2015），《土耳其汉学研究与孔子学院发展现状》（苗福光，2014）等。

二为孔子学院作用影响研究，分为文化领域（文化推广、文化外交），政治领域（公共外交、国家形象），经济领域（经济贸易）。如《孔子学院对中国对外直接投资的影响研究》（许陈生、王永红，2016），《孔子学院对发展中国家公共外交的意义——以柬埔寨王家学院孔子学院为例》（冯韬，2015），《孔子学院的文化传播及其文化外交作用》（付京香，2013）等。

三为孔子学院新闻传播角度研究，包括孔子学院新闻报道分析研究与孔子学院新闻媒介形象研究。

从目前的相关文献来看，虽然目前国内外对孔子学院研究的论文数量繁多，但研究主题主要集中于孔子学院自身研究与其作用研究领域。

第二章

孔子学院本土化：
现实和理论

在回顾了世界范围内的研究生教育趋势和中国研究生教育及其国际化发展的历史沿革之后,有必要将汉语国际教育放到其赖以生存的环境,即孔子学院可持续发展的视野中加以考察。孔子学院现有中外专兼职教师4.62万人,各类面授学员170万人,网络注册学员62.1万人。全年举办各类文化活动4.2万场,受众达1 272万人。中外方经费投入持续增加,双方比例为1∶1.6。中外企业和社会各界捐赠折合1 035万美元。孔子学院经过10余年的努力,已逐渐成为中国文化的传播平台,且提前完成了规划布局的500所目标,目前正处于内涵式发展时期。如何形成办学特色,进一步提升品牌认知度,是目前孔子学院建设的首要问题。

党和国家高度重视孔子学院工作,自2004年以来,党和国家领导人对孔子学院工作作出批示和指示千余次,出席有关活动350余次。党的十八大以来,习近平总书记在不同场合强调孔子学院改革发展的重要性,并于2017年3月批示,孔子学院发展应有战略考虑,需进一步深化改革、完善体制机制,加强力量建设,要求孔子学院在数量稳定的基础上做到"因地制宜、特色发展"。中共中央办公厅、国务院办公厅印发的《关于做好新时期教育对外开放工作的若干指导意见(2016)》等文件也对孔子学院的提质增效发展提出了明确要求。

本章以汉语国际教育硕士在孔子学院本土化背景下的职业认同培养为主题,分析教育国际化背景下专业硕士职业认同培养的特点和途径。

第一节 孔子学院国际传播现状

讨论"孔子学院本土化"问题,需要首先探讨汉语的国际地位和汉语学习的关系问题。汉语是世界上最广泛使用的语言(语系）之一。最近的一项估计是，以汉语为母语的中国人的数量有 14 亿人，英语母语者只有 3 亿多人。说英语的人数很多，但母语者仅仅是汉语的 1/4。此外，对于许多非中国地区的人来说，中文是一种有着丰富文化以及地缘政治特征的语言，连"中文"这一单词的使用都可能关联指向不同的政治和地区。例如 Zhōngwén（字面意思是"中文"）和 Hànyǔ（字面意思是"汉语"）都是在中国大陆使用的术语，而 Pǔtōnghuà（"普通话"）则是一个政治化的术语，意为"现代标准汉语"，也是中国大陆官方通用语，通过官方媒体和教育渠道得以传播。另一方面，Guóyǔ，即"国语"，在中国台湾地区使用；而 Huáyǔ，即"华语"，是新加坡使用的术语，也在中国台湾地区和马来西亚的部分地区的华人中使用。

"汉语热"如今在世界各地上演。仅以美国为例，如今已有几百所提供浸入式普通话教育的学校，不仅分布在沿海地区，在堪萨斯、内布拉斯加等内陆州也有。由于汉语自身的特征，与印欧语系的语言相比，需要更多的时间进行正式教学，才能使学习者获得熟练的水平。虽然世界各国对汉语学习的需求基本以使用普通话进行各种社会、经济和智力目的交流为主，但汉语国际教育以及汉语应用语言学等相关学科面临着众多实际问题。作为新生事物的孔子学院在快速发展之后，面临如何实现内涵式发展的重大问题。

虽然汉语是世界上母语者使用最多的语言，但汉语目前为止并不是一个"具有普遍可教性"的语言。以美国和加拿大为例，汉语的教学远比不上法语或西班牙语广泛，但在 K-12 和中学后阶段正在取得进展（Furman, Goldberg 和 Lusin, 2009）。以 2000 年到 2008 年这段时间为例，汉语是美国规模增长最快的外语，学习汉语的学生急剧增加。世界各地数以千计的公立或者私立大学、学院和社区中心开始提供中文课程。这 9 年间，世界各地建设了超过825所孔子学院和孔子课堂。

一、孔子学院在美国的传播情况

以美国为例，美国有110所孔子学院，是全球孔子学院数量最多的国家。从成立时间来看，自2005年美国第一所孔子学院——马兰里大学孔子学院成立以来，美国孔子学院的数量逐年增加，2005年至2010年是孔子发展的高峰时期，63%孔子学院都是在这6年间成立运行的。但是2010以来，随着孔子学院的在美国的具体运行，受到的关注与质疑也逐渐增多。自2011年开始，美国每年新增孔子学院的数量趋于平缓。2016年至2018年3年间，美国地区再无新成立的孔子学院（见图2-1）。

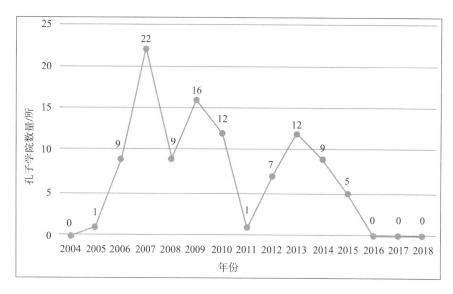

图2-1 美国新建孔子学院数量示意图

美国保守派分析人士对中国孔子学院有很多质疑和误读，孔子学院时常被认为是中国政府的"宣传工具""意识形态洗脑工具""扩张软实力手段"等。美国对孔子学院的负面态度可以从以下几个关键事件中体现。例如2012年的签证风波，2014年芝加哥大学和宾夕法尼亚州立大学相继宣布终止与孔子学院合作,以及2018年初"美国政府要求将孔子学院注册为国外代理机构的提案事件"。美国国务院于2012年5月17日发布了一则由助理副国务卿罗宾·勒那签署的公告,公告称,目前在该国持有J-1签证并在美从事中小学中文教学的孔子学院中国教师必须于6月30日离境,美方不为其续签签证。根据公告的解释,这些中国教师从事了与他们J-1签证身份不符的活动。按美国签证法律,各类签证有不同的限制。在美国孔子学院授课的中国教师持J-1签证,按照美国法律,他们可以在美国高等学校从事研究、教学工作,但不能在中小学授课。公告还称:"教授或研究学者只能在经过美国资格认证的孔子学院从事交流项目。"但是,"根据国务院的初步调查,孔子学院没有经过美国资格认证"。2018年5月22日,美国第115届国会二次会议,为应对外国对美国高等教育的威胁,提出S.2903法案。法案中提出,任何国外政治机构、被外国政府公开认可且管理的实体机构、任何作为外国政府代理人的机构,将被定义为"外国势力"。从事间谍活动、签证欺诈、窃取商业机密、恐怖主义和其他相关工作的外国势力将被定义为"外国情报机构对高等教育的威胁",孔子学院因此被美国政府视为中国政府的代理人机构。

已有关于孔子学院媒体报道的主要研究成果表明,外媒对孔子学院总体评价为中立态度,国家级主流媒体更为正面。周丽、刘飞(2012)对2007—2011年内国内主流媒体对孔子学院的报道进行统计,从报道数量、报道内容、语义倾向、新闻来源等角度进行分析,认为国内主流媒体的报道都带有一定的倾向性,倾向于报道孔子学院的建设发展以及国内外知名人士对孔子学院的认可的相关内容。刘程、安然(2014)运用批评话语分析研究方法,对2004—2011年英国主流媒体关于孔子学院新闻报道进行了研究,并建构了英国主流媒体孔子学院报道的新闻图式,为孔子学院在以文化背景下的跨文化传播提供了参考意见。赵明玉（2015）以介入系统为理论框架分析非洲主流媒体关于孔子学院的新闻报道，探析媒体通过新闻语篇中的介入资源表达的对孔子学院的态度，以及媒体如何运用介入资源谋篇布局构建出其观点立场。许萌萌（2015）则选择东南亚地区的三种比较权威的海外华文媒体，对其中孔子学院的相关报道进行量化统计分析，认为海外华文媒体报道中的孔子学院有典型的光环化、庄严化、正义化的特征。姚涵（2016）通过量化内容方法，构建样本类目对意大利媒体对孔子学院报道数量、媒体级别、报道形式、新闻来源、报道主题和媒体评价进行分析后发现，意大利媒体对孔子学院的关注度在不断提高，特别是地方性媒体逐渐成为孔子学院报道的主力军，但形式多以事实性报道为主。

国外对孔子学院的研究在一定程度上也能体现孔子学院的海外形象。在 EBSCO 数据库以 "Confucius institute" 为关键词搜索，截至 2018 年 5 月 31 日，得到孔子学院海外研究学术文献 44 篇，内容涉及孔子学院与软实力、孔子学院与学术自由、孔子学院建立管理与发展、孔子学院与经济贸易关系等角度。Ding Sheng 和 Saunders（2006）对汉语的全球推广与文化软实力提升进行了分析。Hubbert Jennifer（2014）和 Paradise James（2009）分别对孔子学院文化软实力角度进行了研究，却得出了相反的结论。Peterson Rachelle（2017）和 Graham Edward（2016）认为孔子学院限制了美国大学的学术自由，威胁学术诚信，建议美国与加拿大大学停办孔子学院。Falk Harting（2011）以德国孔子学院为例，分析孔子学院是如何作为文化外交工具来塑造中国形象的；认为孔子学院的学术性与政治性混淆，而对一些敏感问题避而不谈。Starr（2009）、Wheeler（2013）和 Lien（2014）等学者从政治、社会、文化等角度研究了孔子学院的发展。Theo 和 W. H. Leung（2018）以流动性视角，从印度尼西亚孔子学院在当地发展实践研究得出孔子学院在当地的建立、发展与推广与国家与地区的政治、种族以及中国本身的政治与官僚化进程有关。但现在出现的摩擦或者冲突不意味着一定的劣势，如果处理得当，这种摩擦与矛盾会成为孔子学院发展的推动力与润滑剂。

二、美国媒体对孔子学院的报道分析

本研究以 EBSCO 外文新闻资源数据库（Newspaper Source）为检索平台，以"Confucius institute"为关键字检索，经过两次人工筛选后，选取 2004—2018 年 5 月底与孔子学院相关度较高的 190 篇美国媒体新闻报道进行分析，可以得出 Newspaper Source 完整收录的 40 多种美国和国际报纸以及精选的 389 种美国地方性报纸全文关于美国孔子学院新闻媒介形象特征与历年变化趋势。

（一）分析方法

（1）词汇分析法。运用 Antconc 词汇分析学软件进行统计分析。该方法根据研究者所建立的语料库进行严谨运算。本节将从关键词、特殊词、相关词等角度分析新闻报道内容，不存在主观或潜意识的遗漏，得出的结果更为真实客观。其中关键词主要用于分析总体孔子学院媒介形象特点，特殊词与相关词主要用于分析不同时期孔子学院媒介形象特点。

（2）文本分析法。文本分析法是从文本的表层深入到文本的深层，从而发现那些不能为普通阅读所把握的深层意义。与词汇分析法不同，文本分析法是一种定性的、探究潜在含义的具体的说明性分析方法。该方法是对定量分析的补充，以保证研究结构的全面性。

（3）文献研究法。通过各种学术平台查阅相关文献资料，了解当前的学术研究现状、成果，包括阅读各种专著、期刊、硕博论文、报纸、报告以及文件等，为本研究基础提供参考依据。同时该方法也主要运用于孔子学院媒介形象原因分析，有助于提高原因分析的全面性与权威性。

（4）对比分析法。通过对两段不同时期（2004—2012年以及2013—2018年）美国孔子学院的新闻媒体报道进行数据分析与总结，从而得出不同时期美国孔子学院媒介形象的不同特点与变化趋势，并探究其原因。

（二）美国孔子学院新闻报道统计性描述

自2004年第一所孔子学院建立以来，美国媒体自2006年开始关注孔子学院，整体上呈逐年升高的趋势（见图2-2）。其中2010年至2012年数量迅速上涨，2012年达到峰值，这与2012年美国发生了J-12签证事件密切相关，这一事件成为美国新闻报道的主要关注点。风波过后，2013年出现回落，2014年又开始出现上升趋势，2015年、2016年、2017年又有些许回落倾向。美国孔子学院新闻媒体报道篇幅字数统计如图2-3所示。

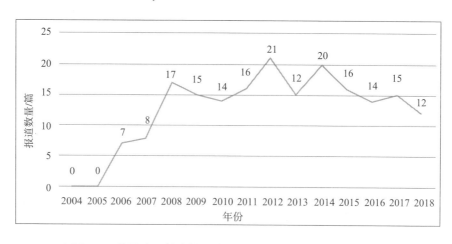

图2-2 美国孔子学院新闻媒体报道数量历年变化折线统计图

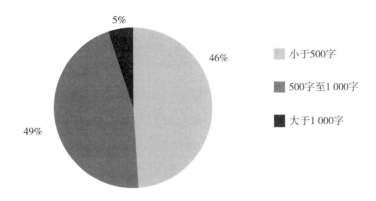

图 2-3　美国孔子学院新闻媒体报道篇幅字数统计图

孔子学院新闻报道主题分为九大类：文化活动、项目交流活动、教师教学、学生发展、孔子学院建立、孔子学院发展、国际影响、文化交流与传播、态度评论。在九种主题中，占比最大的是态度评论类，占比1/3；第二位是孔子学院发展类，可见美国新闻媒体除了对孔子学院的态度文章之外还是较为关注孔子学院的发展运作情况。此外，美国媒体对文化活动、学生发展、文化交流与传播、孔子学院建立、教师教学的报道也较为平均，占比最少的是国际影响与项目交流活动的内容（见图2-4）。

自建语料库与参考语料库相比，自建语料库中词汇的出现频率明显高于或者低于参考语料库。本研究自建语料库由2004—2018年美国新闻媒体孔子学院136篇新闻报道组成，参考语料库为美国当代英语语料库COCA（Corpus of Contemporary American English, COCA），该语料库语料来自当代美国英语使用情境下的新闻、报纸、杂志、口语演讲、图书、学术期刊等。两个语料库具有可对比性，能够从一定程度上较为准确地检索出本研究自建语料库中的关键词。检索统计得到的关键词为：

Chinese, China, Student, Language, University, School, Program, Culture, Education, Government, Teacher, Mandarin, Academic, Class, Community, International, Teaching, Course, Business, Opportunity 等。

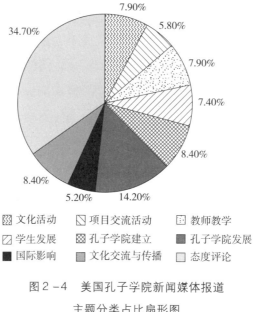

图 2-4 美国孔子学院新闻媒体报道主题分类占比扇形图

孔子学院媒介形象国际交流维度关键词如表 2-1 所示。

表 2-1 孔子学院媒介形象国际交流维度关键词

文化传播与交流		China, Language, Culture, Business, Opportunity
国际关系	中国政府代理人	Government, Agency, Hanban, Communist
	中国宣传工具	China, Propaganda, Soft power

较为典型的新闻报道内容如下:

孔子学院和课堂是中国教育部提出的举措,旨在为全世界的高中生和大学生提供汉语和文化教学与研究。(文化传播与交流)

孔子学院即将在田纳西大学开设,为 UT 学生和其他人提供

学习汉语，体验中国文化和出国旅游的机会。（文化传播与交流）

这些机构的影响是如此之大，美国立法者本周宣布了一项法律草案，迫使这些机构注册为中国政府的外国代理人。（中国政府代理人）

萨林斯说："校园里的孔子学院是一个政治权力结构的外国分支，可以追溯到中国和政府的最高层。"（中国政府代理人）

它们是有争议的，因为它们由中国政府的一个部门管理，并被指控教授共产主义宣传。（中国宣传工具）

虽然中国正试图在内部扼杀西方思想，但它正在迅速扩展其"孔子学院"，这些学院已经融入了世界各地的大学。据说这些研究所推广中国文化和语言，但它们由中国政府资助，是其宣传机器的一部分。（中国宣传工具）

中国共产党公开表示，孔子学院被用于宣传。一前高级官员称这些机构是"中国海外宣传机构的重要组成部分"。（中国宣传工具）

通过对不同时期相关词的分析与对比发现，2004—2012年期间，美国新闻媒体关注的多是其促进文化交流，提供汉语教学与师资等的语言文化中心功能。从2013年到2018年，孔子学院新闻媒介形象多与中国政府相联系，且消极词汇比较多。

第二节　孔子学院本土化理论建构

一、孔子学院本土化理论框架

中国经济的迅速崛起带动高等教育领域的国际化行为，已经被美国等发达国家看作是"挑战""难题"（Bartlett 和 Fischer，2011），

"需要关注的症候"(Carey,2010),以及"狂野的东方"(Waters,2002)。面向日益复杂的国际化教育管理实践,亟待根据国别和文化特点,根据教育规律探索科学的孔子学院本土化对话方式,从而避免孔子学院作为新生事物在国外的身份受质疑的现象。

孔子学院本土化的概念来自国家汉语国际推广领导小组办公室(以下简称国家汉办)暨孔子学院总部提出的关于孔子学院在区域社会文化适应性、类别化发展、中外方合作机制和汉语教育四个层面的可持续发展的理念。孔子学院要实现"因地制宜、特色发展"的改革发展,必须走本土化路径。"孔子学院要探索建立融通中外的话语体系……与所在大学发展相结合,与所在国语言发展规划相结合,与当地民众期盼相结合,贴近外国人的思维、习惯和需求,走特色化发展、内涵发展之路"(刘延东,2017)。

在国家汉办的指导下,各地孔子学院已经开展了教材、HSK考试和教法等方面的本土化尝试,例如向外招标、中外合编教材、HSK考试本土化改革等措施。已经翻译出版《汉语图解词典》《汉语800字》等工具书达64个语种,研发本土汉语教材累计达2 000多种,开设网络孔子学院汉语文化课程30多万节,评审示范孔子学院43所,等等。

作为科学问题,孔子学院本土化的概念体系、学科归属、研究问题、评价体系均未确立。孔子学院本土化理念和模式研究是汉语国际教育领域和教育学领域的交叉研究领域,目前仍处于初级发展阶段。国外学界对孔子学院的研究主要关注其对本地本国政治经济、文化的影响,孔子学院与中国国家形象之间的关系、孔子学院的自治性、在中国公共外交中的作用、孔子学院的管理和运行模式等(Starr,2009;Schmidt,2013;Hartig,2015)。国内学者主要关注孔子学院的办学模式、国际化效应评估、文化传播模式、师资培训、人才培养、课内外教学等。孔子学院本土化研究的主题包括海外汉语师资的本土化建设、教材本土化建设、教学本土化和文化活动本土化几个角度（宛新政，2009；李佳，2013；吕明，2014；周啸生，2018）。孔子学院本土化研究文献数量较少，且缺乏在不同国情和文化中的差异性发展战略和操作研究，难以满足国家对孔子学院工作的要求。

孔子学院既是一个学术机构，也是一个面向市场运作的教学和管理组织。孔子学院本土化过程就是知识在物理、虚拟和心理的环境中生产并传播的过程。孔子学院本土化不是将国内现有的知识转移到国外的过程，而是在一个由中方、外方教学，管理人员和国外当地语言学习者共同组成的学术共同体之内，由各个利益相关方共同创造的全新知识体系。这个知识体系包括事实、意见、思想、理论、原则、模型、经验、价值观、情境、专家洞察力和直觉，而且有隐性和显性两个维度。孔子学院的活动，体现在高等教育国际化活动中，包括教学、科研、社会服务在内的多种类型的活动。

"孔子学院本土化"概念是指孔子学院在国际交流合作活动中在工具理性、价值理性和沟通理性三个维度上体现的本土化知识生产和传播过程，包括汉语知识的本土化、运营管理的本土化以及品牌说服力的本土化。这个概念基于教育国际化知识生产理论框架，包含两个领域的科学问题：一是从教育学和社会学视角出发，基于知识生产的理论和哈贝马斯的交往理性理论，界定孔子学院本土化在认识论和研究范式层面上的意义；二是从汉语国际教育和教育评价视角出发，建立孔子学院本土化水平的评价体系。

依据孔子学院本土化概念体系可以确定本土化水平评价体系。依据评价成果多元化、尊重国别院校的差异的原则建立孔子学院本土化水平的指标评价体系，体现对本土学术价值、文化价值观的尊重。本研究初步确立三级评价指标作为孔子学院本土化水平的评价标准，即汉语知识本土化生产和传播水平、管理运营本土化水平、传播有效性本土化水平。对应以上3个一级指标，确定了8个二级指标和23个三级指标。以传播有效性本土化水平（沟通理性）为例：在概念层面上，传播有效性强调测量在孔子学院本土化过程中，沟通行动无法继续进行时，能否进入理性的讨论。在讨论中双方是否能够通过辩驳、支持，以期达成共识或者搁置争议的目的。衡量这一水平的指标包括3个二级指标和10个三级指标：3个二级指标包括孔子学院的自我定位、与媒体互动以及在受众中的知名度；10个三级指标分别测量以上三个维度的数据（见表2-2）。

表2-2 孔子学院本土化水平指标评价体系

一级指标	二级指标	三级指标	测量方法
1. 汉语知识本土化生产和传播水平（工具理性）	1.1 本土化师资	1.1.1 本土教师数量 1.1.2 本土教师培养	孔子学院办学数据
	1.2 本土化教材	1.2.1 本土教材数量 1.2.2 本土教材编写	孔子学院办学数据
	1.3 本土化教法	1.3.1 本土化教学质量管理 1.3.2 本土化教学质量监督 1.3.3 本土化教学质量评价	孔子学院办学数据 问卷数据
2. 运营管理本土化水平（价值理性）	2.1 本土化文化互动力	2.1.1 与外方院校合作情况 2.1.2 服务本地社区能力 2.1.3 在全国/大区影响力	孔子学院办学数据 新闻数据 问卷数据 社交媒体数据
	2.2 建立本土化品牌能力	2.2.1 人才培养质量 2.2.2 社会满意度 2.2.3 办学效益	孔子学院办学数据 社交媒体数据

续表

一级指标	二级指标	三级指标	测量方法
3. 传播有效性本土化水平（沟通理性）	3.1 自我定位	1.1.1 核心表述 1.1.2 办学思路 1.1.3 在合作高校地位	孔子学院办学文件 签署的协议 访谈数据
	3.2 与媒体互动	1.2.1 本地报道次数 1.2.2 收视/听率/点击率	孔子学院办学数据
	3.3 在受众中的知名度	1.3.1 注册学员数量 1.3.2 活跃粉丝数量 1.3.3 社交媒体转发数量 1.3.4 社交媒体评论次数 1.3.5 好友推荐次数	孔子学院办学数据 问卷数据

二、孔子学院本土化面临的挑战

高质量且稳定的汉语教师数量严重匮乏是限制孔子学院可持续发展的瓶颈。目前在孔子学院从事教学的约 3 万名教师中，由国家汉办派出的院长、教师、志愿者有 1.55 万人，其中院长、教师 6 300 人，志愿者 5 724 人，各省、市教育厅（局）和高校派出志愿者 3 476 人，而汉语国际教育专业硕士志愿者教师人数占比不到孔子学院教师总人数的 1/5。除此之外，汉语国际教育专业硕士要实现持续发展，还要解决如下问题。

第一，仍然缺乏独立的学科依托。现有研究生学科、专业目录没有独立的对外汉语学科，人才培养主要分散在中国语言文学、外国语言文学、教育学等不同学科领域，不利于培养汉语国际推广需要的综合性人才。

第二，人才培养模式缺乏针对性。现有的培养模式以培养学术型人才为基础，对外语能力和跨文化交流能力的培养重视不够，对第二语言教学实践技能训练不足。

第三，培养规格不适应。现有的人才培养主要是本科层次，由于综合素质、知识储备和实际教学能力训练不足，大部分人不能直接走上汉语教学岗位。

第四，培养规模小、数量不足，适合到国外中小学从事汉语教学者更是严重缺乏。

总的看来，汉语国际教育专业硕士师资方面存在着合格师资不足、专业化教师不足，人员培训和使用分离，缺乏复合型人才，尤其是缺乏小语种人才，师资流失严重等问题；课程方面存在特色不够鲜明，培养模式缺乏实践性，人才培养规格与社会需求不相符等诸多问题。国家国情、经济和人文环境大不相同，国家汉办的资源配置方式以"一刀切"为主，孔子学院的中外双方管理者主要将主观经验作为管理决策的基本驱动力，特别是在文化活动的选择和与当地机构和人员的合作上，有随意性大和"碰运气"的特点。孔子学院的人才培养和教育方式不能千篇一律，其本土化模式和路径也不应一概而论。已经形成共识的是：合格的本土化师资、本土化教材和本土化教学方式是决定孔子学院教学本土化水平的重要因素。目前孔子学院汉语教学的教材比较统一，缺乏类别变化，其大量的重复性和关联性有不适合当地学生的现象，具有本土化特色的练习题少，缺乏适合不同国别学习者心理特征的复习手段，孔子学院文化项目缺乏国别和本土化特色等，如上问题已经对孔子学院的可持续发展造成了现实挑战。除此之外，面向日益复杂的国际化教育管理实践，亟待根据国别和文化特点，根据教育规律探索科学的孔子学院本土化对话方式，从而避免孔子学院作为新生事物在国外的身份受质疑的现象。

教育工作者面临着培养专业硕士、学生完成从学生到专业人员的过渡的挑战（Tryssenaar 和 Perkins，2001）。汉语国际教育专业硕士社会化的一个核心组成部分是职业身份的发展，即职业认同的发展（Ikiugu 和 Rosso，2003）。人们在职业角色中定义自己的属性、信仰、价值观、动机（Ibarra，1999），而汉语国际教育专业硕士未来的对外汉语教师的身份涵盖了他们是谁的概念，以及作为对外汉语教师的意义和作用，这会影响他们的工作以及他们如何实施教学。从学生到汉语教师的过渡的特点是要面临高压力、自我批评、犯错误的恐惧以及对缺乏自信心的担忧，这些都会对未来教学实践产生负面影响。

从目前汉语国际教育课程体系设置来看，学术课程主要侧重于在"做"（即如何进行教学），很少有关于"身份认同"方面的应用知识和技能教育。不仅是汉语国际教育专业硕士，其他专业硕士类型也是如此。课堂上不会经常公开讨论职业身份问题，也不将这个问题作为人才培养的主要议题。因此，学生没有太多机会从"我是一名对外汉语教师"的角度反思他们的学习过程和经验。虽然职业认同的发展引起了人们对专业硕士教学社会化的兴趣，仍然需要开发新的教育实践来培训职业人士（Bilics，2014），因此，我们首先需要了解汉语国际教育专业硕士的职业认同是如何形成的。

汉语国际教育专业硕士人才培养具有教学技能和知识以及支持职业认同发展的双重责任。本研究从学校的班级"班风"和用人单位孔子学院的实际需求出发，分析汉语国际教育专业硕士人才职业认同培养的科学模式。汉语国际教育硕士的用人单位是孔子学院，而孔子学院是汉语对外传播的主阵地。有必要从孔子学院工作的特性和其要求出发，分析汉语国际教育人才培养的走向。

实现孔子学院的提质增效发展，也需要对孔子学院的资源配置方式进行科学论证。孔子学院的办学主体在外国，学生来源的主体在外国，目标市场也是所在国。国家国情、经济和人文环境大不相同，国家汉办的资源配置方式以"一刀切"为主，孔子学院的中外双方管理者主要将主观经验作为管理决策的基本驱动力，特别是在文化活动的选择和与当地机构和人员的合作上，有随意性大和"碰运气"的特点。孔子学院的人才培养和教育方式不能千篇一律，其本土化模式和路径也不应一概而论。已经形成共识的是：合格的本土化师资、本土化教材和本土化教学方式是决定孔子学院教学本土化水平的重要因素。目前孔子学院汉语教学的教材比较统一，缺乏类别变化，其大量的重复性和关联性有不适合当地学生的现象，具有本土化特色的练习题少，缺乏适合不同国别学习者心理特征的复习手段，孔子学院文化项目缺乏国别和本土化特色等，如上问题已经对孔子学院的可持续发展造成了现实挑战。除此之外，面向日益复杂的国际化教育管理实践，亟待根据国别和文化特点，根据教育规律探索科学的孔子学院本土化对话方式，从而避免孔子学院作为新生事物在国外的身份受质疑的现象。

三、孔子学院本土化的知识论内涵

从知识论角度讲，孔子学院本土化可做如下定义：在中外方共同创造的文化共同体中，将中华文化知识与当地文化知识经由中外文化共同体的研发、传播和再创造的过程。从知识生产角度研究孔子学院的本土化，是一种科学且具有创造性的尝试。

大学自中世纪产生以来，其兴盛与衰落，一直与知识生产密切相关。孔子学院作为大学的一级学术机构，首先要回答的问题就是应该生产和传播什么样的本土化知识。20世纪末以来，知识在社会中重要性日益提高，作为一种生产要素，在生产过程中具有越来越重要的作用。"知识社会"和"知识经济"的理念已经深入社会的各个层面。国内外学界关于知识生产与大学的组织模式、大学国际化的关系等问题的探讨方兴未艾。其中，最具代表性的研究是吉本斯等学者提出的"模式Ⅱ"知识生产理论（吉本斯，2011）。即知识是"在应用语境下"，通过"超学科"的合作而完成的。知识生产的场所、原则和实践由基于大学的各学科，转移到更具异质性的场所，大学也从封闭的学术领域转向开放式的智力系统，从对精英文化和专家知识转向对非精英文化价值观和实际能力的追求。在以知识资源的占有、配置、生产、分配、消费为最重要因素且知识生产模式发生显著变化的新经济时代，大学面临着全新的知识生产和传播任务。知识生产模式的变化导致知识生产组织愈加丰富，大学不再是知识生产的"霸主"，而是开始扮演知识沟通和交流的中介角色，并不断进行自我反思，与其他机构组织或个人共同促进知识的更新与发展，这体现在：

第一，知识生产更多置身于应用语境中。

第二，知识生产更多地源于实际问题，具有天然的跨学科性质，这些知识有独特的理论结构、研究方法和实践模式。

第三，知识生产的场所和从业者呈现出"社会弥散"和"异质性"的特征。社会各个方面如企业的实验室、智囊团、咨询机构、政府部门都出于自身的需要参与知识的生产过程。知识背景和训练各异的知识生产者随着不断出现的新问题而进行合作，知识生产团队往往是异质性很强的团队，等等。

在此基础上，Chun Wei Choo（2002）等人对组织知识生产以及组织中的隐性及显性知识转化进行了研究，并得出了组织学习的基本路径。国内学者也就模式Ⅱ对大学的影响进行了研究。例如，蒋逸民（2010）分析了知识生产模式Ⅱ对于大学教学和科研的影响；北京大学文东茅等人（2010）从北京大学教育学院的实践出发，采用个案研究的方法，分析了知识生产模式Ⅱ在大学实践中的表现；曹珊（2014）分析了新的知识生产模式与中国高等教育改革的关系；韩益凤（2014）分析了知识生产模式的变迁对研究型大学的改革影响等。

从组织基础来说，孔子学院是中国国家汉办在世界各地设立的推广汉语和传播中国文化与国学教育的文化交流机构。负责孔子学院工作的孔子学院总部属于非营利组织的公益机构。其总部在教育部统筹管理之下，建立在世界各地的孔子学院都得到中国政府以及各部门在财政和政策上的大力支持。这种组织机构性质与歌德学院等语言文化推广机构类似。建立孔子学院采用中外合作办学模式，由国外高校或企业、政府或教育机构向国家政办提出申请，获得审批后，由中外方共同管理。合作模式分为高校间合作、校企合作、政校合作、社校合作等。

从知识生产的角度看，孔子学院作为一个教育国际化背景下诞生的全新学术共同体，其新知识的创造，是通过不断生产以及组织中的隐性及显性知识转化实现的。而孔子学院的本土化过程就是知识在物理、虚拟和心理的环境中被生产并传播的过程。知识是动态的，是由人类行动和人与人之间的关系决定的。知识生产的过程，不是将国内现有的知识转移到国外的过程，而是在一个由中方、外方教学、管理人员和国外当地语言学习者共同组成的学术共同体之内，由各个利益相关方共同创造的全新知识体系。这个知识体系包括事实、意见、思想、理论、原则、模型、经验、价值观、情境、专家洞察力和直觉，而且有隐性和显性两个维度。孔子学院既是一个学术机构，也是一个面向市场运作的教学和管理组织。其知识转化是人与人之间的社会行为，并不局限于单一的个体。由于任何知识都是情境化的产物，因而是"特定化而且不完整的"。孔子学院本土化研究者必须阐明并反思孔子学院的主体位置，阐明基于差异的"处境知识"以及与此相伴生的"偏见"。本研究的孔子学院本土化知识，既包括生产和传播的中华文化知识，也包括孔子学院根据自身与环境之间互动关系产生的经验、观察、反思总结的信念，例如，当地的市场知识以及孔子学院的定位、办学理念、人才培养目标、发展模式等。孔子学院的知识生产和传播，包括能够明确表达和传递的显性知识，也包括经验、思维以及特定的情感在内的隐性知识。

孔子学院的活动体现在高等教育国际化活动中，包括教学、科研、社会服务在内的三种主要大学职能。从知识生产的角度加以分析，孔子学院的教育国际化活动及其核心任务，与知识生产的关系相关联，共有三个基本类型（见表2-3）。

表2-3 孔子学院教育国际化活动中的知识生产过程

知识过程	核心任务	孔子学院的教育国际化活动
知识的创造和发现	科研合作和教师、研究生培养本土化	科研合作； 出版本土化刊物和教材； 召开汉学研究等国际会议； 教师和研究生交换； 本土化师资培养； 中方院长在合作伙伴高校担任兼职教授； "孔子新汉学计划"等博士生、硕士生联合培养
知识的传播	教学	教师和本科生交流； 远程教学； 专业学位； 语言和跨文化交际能力等国际化能力课程； 短期培训（"汉语桥"项目）
知识的转化和应用	服务1：学术和专业服务	学术、专业、学科或跨学科委员会； 国际期刊或者出版社编委会； 基金评审会、会议组委会等
	服务2：国际和社区发展建设	中医、汉学、商务等国际和国内社区研究和培训项目
	服务3：咨询和循证决策	提供相关政策报告和建议； 与企业合作的特色孔子学院
	服务4：知识商品化	相关文化产品的专利、许可和版税； 创业和学科性公司

一是知识的创造和发现，对应的核心任务是科研合作和教师、研究生培养的本土化；相关的活动包括以孔子学院为合作平台开展汉语国际教育等相关学科的科研合作，出版本土化刊物和教材，召开汉学研究国际会议，开展汉语教师培训和本土化师资培养，中方院长在合作伙伴高校担任兼职教授，进行"孔子新汉学计划"等博士生、硕士生的联合培养等。

二是知识的传播，对应的核心任务是汉语和中国文化的教学；相关的活动包括对外汉语教学相关专业的教师和本科生交流，远程教学，专业学位，语言和跨文化交际能力等国际化能力课程，"汉语桥"比赛以及等短期来华项目等。

三是知识的应用和转化，对应的核心任务是四类服务功能。一是学术和专业服务，包括成立专业、学科或跨学科委员会，国际期刊或者出版社编委会，基金评审会、会议组委会等；二是为国际和本地发展服务，包括基于本地特点和要求设置的中医、汉学、商务等国际和本地社区研究和培训项目等；三是咨询和决策服务，包括进行智库研究，为政府提出政策报告和建议，以及与企业合作的特色孔子学院等；四是知识商品化的服务，包括出版、售卖相关文化产品及其专利、许可和版税服务，成立相关学科性公司等。

在孔子学院传播行为中，信息源头包括孔子学院负责教学的教师、志愿者，参与孔子学院建设活动的国内高校，国家汉办的工作人员，相关机构的工作人员等所有能够参与孔子学院文化传播活动的人。由此可以看出，孔子学院的传播行为，提供的是准公共产品。信息的接收者，即学习者，在传播行为中也起到重要作用。其接受的传播技术、学习态度、背景知识、所处的社会制度和文化，影响着传播效果。

第三章

核心概念界定

汉语国际教育专业硕士作为专业学位的一种，有必要分析其人才培养区别于学术型硕士的关键概念。而将专业硕士与学术型硕士区别开的最重要概念就是"职业认同"。汉语国际教育专业硕士的人才培养顶层设计在典型意义上同时满足了职业性、复合性和应用性特征，要求毕业生具备对自己即将从事的职业即汉语教师的职业认同，特别是在陌生的国度从事汉语教学的教师身份的认同。美国教育家赫钦斯（2001）认为："大学存在两个目标的冲突，一个是纯粹对真理的追求；另一个也是大学所公认的，就是为人们毕生的事业做准备。"改善汉语国际教育专业硕士的人才培养模式，并为其双重职业生涯做好最佳准备，需要深入了解汉语国际教育专业硕士如何看待他们的职业认同，并了解汉语国际教育涉及的利益相关方的不同需求和组织背景。由于孔子学院志愿者教师缺口巨大，培养的人才尚不能满足孔子学院对汉语教师的需求，对汉语国际教育专业硕士职业认同的研究尚未得到充分重视，但是，由于汉语国际教育专业硕士的特殊性，其职业认同研究将为其他专业硕士职业认同研究提供有益借鉴。

《教育部关于做好全日制硕士专业学位研究生培养工作的若干意见》指出，专业硕士研究生只有具备了独特的知识结构，才能实现掌握理论和专业知识、解决实际问题的能力、良好的职业素养的"三位一体"的专业硕士人才培养目标。"专业学位研究生的培养目标是掌握某一专业（或职业）领域坚实的基础理论和宽广的专业知识，具有较强的解决实际问题的能力，能够承担专业技术或管理工作，具有良好的职业素养的高层次应用型专门人才。"虽然各高校纷纷出台基于国家框架的专业学位研究生的培养方案，将"掌握某一专业（或职业）领域坚实的基础理论和宽广的专业知识""具有较强的解决实际问题的能力""良好的职业素养"等要求作为专业学位研究生的人才培养目标，但在实践中突出专业硕士教育的"职业性"并不容易。

从"职业"概念分析，除了知识和技能之外，我们需要关注的是"职业认同"这一对学习者个体来说十分重要的因素是如何形成的。"职业"的核心要素是以工作为基础的复杂的知识和技能。特定职业的成员受道德准则约束，并需要达到与其相关的能力、道德水准和技术，对这一职业有归属感，并乐意促进这一领域内的公共利益。这些承诺构成了这一职业从业者与社会之间的契约；作为回报，社会授予该行业对其知识库使用的垄断权力，并在实践中享有相当大的自治权和自我监管的特权。

本章将探讨"职业认同"的概念，之后从汉语国际教育专业硕士的特点出发，从人类学的视角，在对学习理论进行探讨的基础上提出"合法的周边参与"概念，并阐明这一概念对汉语国际教育专业硕士职业认同形成的意义。

第一节 "职业认同"相关概念界定

一、认同

认同（Identity）是社会科学研究的经典问题。Identity 一词来自法语 Identité，其拉丁语词源为 Identits，意为"相同"，也译为"身份"。这个词又受 Essentits（存在）和 Identidem（重复地）的影响，其拉丁语词根 Idem 的意思是"相同的""延续的"。因此，"认同"的两种译法也带来了 Identity 一词看似矛盾的一对意义：同一性和差异。

《牛津英语词典》关于"认同"的定义有两种解释：一方面是绝对的一致性，另一方面是持续的显著性。

Identity 最早是个哲学和逻辑问题，在哲学和逻辑学中被译为

"统一性"。Identity 是一个社会科学中广泛使用的涵盖性术语（umbrella term），描述个人对自己作为分离的独立实体的理解。这个术语具有一般性，在心理学、社会学和社会语言学等学科中都有进一步的具体定义。心理学研究中的"认同"意味着社会等级、权利、权力和责任，可以与自我（self）概念对应，其与自我形象，即人针对自己的心智模型、自尊（self-esteem）和个体化（individuation）相关。"认同"研究很重要的一部分是性别认同。此种研究从很大程度上体现了个人如何看待自己，以及自己与他人的关系。在认知心理学中，"认同"指进行自我反思的能力以及自我意识。

社会学研究中的"认同"强调群体认同对个人的影响。理查德·詹金斯（2006）在其著作《社会认同》的简介中提出，我们需要关注人的社会认同。每个人都有一系列的社会认同，这些认同将我们与其他人或者群体组织起来。人的认同不是一种"事物"，而是一个持续地与我们身边的人进行协商的过程。认同可以改变。由于一个人可以同时具有多种社会身份，因此，人可以失去"某种"身份，但不会丧失全部身份。社会身份可以丧失，也可以获得，但是个人的认同本质永远不会更改，因为这个概念组合了所有曾经有过的身份和即将获得的身份。

结构主义的观点是，认同概念存在一个核心，即"真我"。这个概念具有凝聚性，并且在人的一生中基本稳定不变。建构主义（constructivism）则认为，认同是从个人和环境之间的互动发展出来的多重的动态实体，是后天建构并且不停变化的。在后现代主义者看来，认同是一种自由选择，而不是被一系列固定结构决定的。自我是一种"反思性客体"，当个体自问"我在想什么？我在做什么？我感受了什么？我如何呼吸？"等问题的时候，这是一种持续的自我追问导致的内在描述，其目的是通过"自我实现"实现"真实性"。而对个体来说,唯一的参照就是"自我生活轨迹",也就是说,个体认识到"对自我的忠实是最为重要的"。因此,后现代主义的认同理论的个体性很强,与将个体归属到特定群体的方式不同,也与符号互动主义将认同与角色等同的方法大相径庭。因此,在后现代主义认同理论框架中只有"个体认同",谈论"职业认同"不具有实际意义。

20世纪50年代,社会语言学者在语言学研究中首次引入了"认同"概念,并且将其与"权力"的关系作为重要研究对象。Ferguson(1959)研究了不同共同体中共存的标准语言的地位;Weinreich(1954)研究了语言接触的社会语言学后果;在Fishman(1972)、Labov(1972)和Hymes(1972)等人在20世纪70年代做的语言变体和不同社会文化因素之间的关系研究中,种族因素被认为是影响持不同语言的人之间认同差异的重要因素。20世纪70年代,Guiora(1972)指出,"二语学习需要人们获得新的认同",从此,认同在二语习得研究中的地位越来越重要。Schumann(1976,1978)从学习者内部因素和外部因素两个层面对移民的二语学习者进行了研究,提出了文化适应机制,认为学习者必须减少自身所在群体和目的语群体之间的差异,达到最高程度的文化融入。类似针对移民的二语学习者的认同研究中,Norton(2000)强调了认同的复杂性和多重性,认为认同方式可能妨碍或者促进语言学习。Norton对前人将二语学习简单划分为内外部因素的做法进行了批判,她认为,二语习得者在不平等的社会结构中进行着语言交流,其身份是复杂的、多元的、动态的,因此,语言建构了语言习得者的社会身份,同时也被语言习得者的社会身份所建构。Jin和Cortazzi(2001)关于学术人员的研究强调了"学习文化"(cultures of learning),并且指出其社会认同和文化认同的差异。

二、职业认同

职业认同是专业化的必要基础。用简单的话描述，职业认同是一种"心态"，即将自己视为专业团体的一员。当学生为专业角色做准备时，他们开始"感觉"自己就像是专业人士一样。

职业认同是接受专业角色的责任和义务的先决条件，也是培养学生选择职业的合格专业人员的信心的关键（Stockhausen，2005）。获得职业认同的过程本质上是主观的，并受到社会、人口和人格因素的影响（Chamberlain 等，2005；Chamberlain、Catano 和 Cunningham，2005）。职业认同的延迟是从学生转向专业人士的障碍（Schwertner 等，1987）。职业认同对工作表现、敬业精神和留职率都有重要影响，在国际上已经是教师、医学、护理、社会工作、咨询、传媒、STEM（科学 Science、技术 Technology、工程 Engineering、数学 Mathematics）、药学等领域的研究热点。以教师教育相关专业为例，对新入职教师的社会化、职业焦虑适应性、职业伦理形成等主题已经进行了广泛研究，也已形成了质性研究、扎根理论等比较完整的研究范式和研究方法。

20 世纪 90 年代开始，教师的职业认同成为一个独立的研究领域（Bullough，1997；Connelly 和 Clandinin，1999；Kompf、Bond、Dworet 和 Boak，1996）。正如 Palmer（1998）所说，良好的教学不能简化为技术，因为它同时取决于教师的身份和完整性。基于对"职业认同"这一概念的不同层面意义的关注，关于教师职业认同的文献可以追溯为三类研究：

（1）教师职业认同的形成和发展；

（2）教师职业认同的特征识别；

（3）教师叙事故事呈现的职业认同。

多数研究侧重于教师职业认同的形成和发展，只有少数研究关注的是教师职业认同的内容。有关教师职业认同特征识别的研究多种多样,既包括数据呈现的特征识别,也包括教师对研究者已经确定的职业认同这些特征识别的看法。虽然在教师的职业认同研究方面取得了很大进展,但仍然无法确定哪些特征形成并塑造了教师的职业认同。此外,对于教师的职业认同的特征仅停留在一般和抽象层面上的描述。

本研究从社会学意义上讨论汉语国际教育专业硕士的"职业认同"。这里的"认同"根本意义上是社会认同理论中的"社会认同"概念,即由于个体从属于某个社会群体而产生的自我形象,与心理学意义上的"一个人对自我、他人和世界之间关系的一套看法"有根本区别。正如 Lave 和 Wenger（1991）指出的,学习可能被视为涉及身份的构建:"身份的发展对于实践社区中新移民的职业生涯至关重要……学习和身份认同是不可分割的。"职业认同是学习者习得一个专业职位的内容（技术、知识、行为）、价值观和态度、目标,并将其加以内化的过程。职业认同的发展是个体与其所在的社会文化环境之间持续的交互过程,而不是一个形成性的结果。汉语国际教育专业硕士的职业认同是"随着时间的推移逐步形成的自我归属感,在此期间,汉语国际教师的特征、价值观和规范被内化,导致个体思考、行动和感觉像汉语国际教师"。应届本科毕业生目前仍是汉语国际教育全日制专业学位硕士研究生的主要招生对象,而这部分年轻人的职业认同的形成与培养问题,也是本研究的重点。

专业硕士教育的职业认同研究在中国尚有巨大空间。具体表现在:相关研究"碎片化"现象严重,仅涉及教师、护理、社会工作、会计、法律等专业,覆盖领域不够完整;操作概念混淆,"专业""职业认同""职业"等概念相互混用,缺乏规范的研究范式;专业硕士教育人才关于职业认同的概念边界、基础理论研究、各学科研究现状、评价方法和指标等一系列研究基本处于空白状态，其研究内容和研究深度均有待突破。

第二节 社会学习理论与"合法的周边参与"

研究汉语国际教育专业硕士的职业认同问题，首先要了解这个群体如何工作和学习，他们如何运用能动性参与工作学习，在什么基础上，为了什么目的运用其能动性，从而为提升其人才培养水平提供参考。汉语国际教育专业硕士的"学习"发生在高校和汉语国际教育教学实践场所，因此，我们研究的"学习"需要与传统意义上的学习加以区分。

一、社会学习理论视角下的"学习"

传统的心灵认知主义学习理论将学习限定为行动主体大脑中的内部机制加以研究，忽略人们在真实世界中的学习行为，已经受到了广泛的质疑。传统的学习理论不能全面、直观地描述并且解释学习过程（learning processes）、个体变量（individual variables）和社会环境（the social context）三者之间的关系。要呈现这种关系，必须突破传统的学习研究窠臼，引入新的研究方法和解释框架。20世纪60年代之前，学习研究大多以个人认知行为的学习观为基础，探讨个人学习行为的心理机制，关注学习过程中形成的社会心理结果和社会学习行为的学习者外部因素研究偏少。更加罕见的是从学习的社会属性出发，以学习群体为研究视角，探讨个人在群体中的学习行为，群体学习行为以及学习者之间在群体中的互动式学习行为的研究。个体学习者并非处于单一和固定状态，而是具有复杂的、有时是矛盾的社会认同，这一认同随着学习者学习行为以及与他人之间学习关系的变化而变化。学习是一个社会文化过程，必须把学习者放在具体的社会文化历史情境当中，考察社会文化因素以及人际互动，如民族、性别、文化、阶级、地域、社会角色、家庭、同辈以及师生互动等因素，才能深入分析个体学习者的学习行为（Barkhuizen，2008；Norton 和 Toohey，2001；Siegel，2003；Watson - Gegeo 和 Nielsen，2003）。

社会学习理论强调知识具有建构性、社会性、情境性、默会性等四个方面的特点。建构主义强调个人角度的学习心理，知识的社会性强调学习是学习者在"学习共同体"中进行的社会协商。本研究关注的是发生在学习者交换网络中的交互式学习行为。

知识是决定学习者交互式学习行为内容的主要因素之一，因此，我们需要从知识论的视角看待"学习"的意义。20 世纪 60 年代开始的认知科学革命带来了教育观念的转变。人们从仅仅关注"学得什么"（learning about）转向关注"学习做什么人"（learning to be）。强调必须联系人类认同的发展来理解学习。在学习做人的过程中，以及在成为一名实践共同体成员的过程中，个人在发展着一种社会认同。反过来，这种发展着的认同又决定此人认识什么，以及他将怎么吸收知识与信息。因此，人们学得的东西，必然是他们是何许人以及他们学做什么人的目标的反映。"你正在成为什么人，决定性地、根本性地形塑着'你所知道的'。'你所知道的'也许更应看成是做事，而不是拥有什么——'识知'不是获得或者积累知识或信息，而是实践共同体中的关系、实践中的参与，以及你的认同的形成，该认同意味着你进入到进行中的实践过程，并成为其中的组成成分"（Cook 和 Brown，1999）。斯克里布纳在经典的牛奶厂工人案例中的研究表明，在学习成为牛奶厂工人（认同的形成）的过程中，"你所学到的与你必须做事情是密不可分的"（Scribner，1985）。杜威和维果斯基都指出，学习是学习者在某种社会秩序下与他人共同参与的行为。个体成为学习者的过程就是其参与社会文化活动的过程。因此，学习者学习的社会环境及其身处的学习关系的性质影响其成为学习者的过程。

从"情境性"角度分析学习是社会学习理论的重要特点。情境学习是关于人类知识本质的理论。情境学习理论研究人类知识如何在活动过程中发展，特别是人们如何创造和解释他们正在做的事情的表征。学习研究关注的问题是：学习如何发生？知识如何积累？学习者资格如何发展、保留和利用？如何改善教室的学习环境？如何改善教学？情境学习关注的问题是：新手如何进入某个知识的实践共同体？集体知识如何传递？新手如何被赋予某种认同？社会能力和特定知识密不可分，知识不能孤立看待。学习之所以是情境性的，缘于以下几个原因：

首先，学习是在一定时间和空间内发生的；

其次，学习由特定情境下的意义、物体、工具、文化人工制品和社会关系决定；

最后，学习是一系列的经验维度中能够生成知识的实践的重要部分。

因此，每个学习经验都由于其特定的情境而具有独特的性质。情境学习从教育学视角出发，发展出如下假设：

（1）认知和学习的过程存在很多维度，包括历时（diachronic）和共时（synchronic）两个层面；

（2）学习功能是在正式、非正式（non-formal）和不正式教育情境（文化共同体、工作环境、日常生活的场所）下通过人工制品、文化编码、物体和工具、物理和社会环境实现的。

情境学习强调，知识是在人们的交互式行为过程中构建起来的。根据这种观点，人类的头脑和心智是在参与社会共同体的实践中共同构建的。参与强调个人的认同（关于自我的信仰）、与某个共同体的关系（归属）、未来参与的角度（参与的方式）从很大程度上决定了学习的本质和程度（Wenger，1998）。知识是基于社会情境的一种活动，而不是一个抽象的对象；知识是个体与环境、个体与个体之间交互过程中构建的状态，不是事实；知识是人们在社会文化活动中改变参与结构的过程，这个过程促成理解并改变参与者的角色和责任。

本研究中的"情境学习"与"实践共同体"理论中的"合法的周边参与"紧密相关。情境学习包括的主要维度有意义、认同、共同体和实践。行动导向的学习强调个人化，而情境学习强调学习的社会性。学习过程是学习者对意义的再建构过程。情境学习理论认为，意义只可能在其存在的某个社会情境下才能被建构。学习和社会化是重叠的过程。情境学习理论强调学习的条件和社会维度，强调能够在实践共同体中为新手提供合法的周边参与条件的社会结构。能力的增长是全方位的，包括对实践共同体文化规则的掌握。

二、合法的周边参与

社会学习理论认为，学习实质上是一个文化适应与获得特定的实践共同体成员认同的过程。Lave 和 Wenger（1991）把情境学习的这种过程称为"合法的周边参与"。"合法"是指随着时间的推移与学习者经验的增加，学习者合法使用共同体资源的程度；"周边性"是指学习者在实践共同体中对有价值活动的参与程度与成为核心成员距离的程度。

从本质上看，"合法的周边参与"（Legitimate Peripheral Participation，LPP）这一术语描述了一个新手成长为某一实践共同体核心成员的历程。从不胜任的非成员认同转变为胜任的成员认同，就构成了个体在实践共同体中学习的一种"轨迹"（trajectory）。通过合法的周边参与，新手从边缘转为完全意义上的共同体成员。重点不是习得的知识，而是要塑造什么样的人。

"合法的周边参与"的核心概念是认同的发展，是成员从实践知识共同体中获得认同的过程。因此，学习不是某种知识形式的获得，而是将其置于共同参与的情境的视角下加以考察（Wenger, 1998）。社会学习理论关注学习与认同的关系。学习就是在实践共同体中学习如何说、如何做的过程。而这种学习"作为积累个人在实践共同体中的参与的过程，关乎个人在世界中的行为"，学习是"一种进化的、不停更新的关系"。

社会学习理论提供了将学习行为和人本身关联起来的视角，其焦点是"识知"（knowing），即学习的过程，而非"知识"（knowledge），即学习的产出。知识既不孤立存在，也不存在于个体的头脑中，而是参与文化实践的一个方面（Brown 和 Duguid, 1991; Lave, 1988; Lave 和 Wenger, 1991）。"认知"（cognition）和"识知"（knowing）分布在个体及其所处环境之间，学习"情境性存在"于这些参与式活动的关系和网络中。知识和识知都不能与其使用环境或者发生的场合相割裂。因此，认知学习理论中常用的"习得"（acquisition）和"积累"（accumulation）被"话语"（discourse）、"交际"（interaction）、"活动"和"参与"等术语代替。

"合法的周边参与"是一种分析学习的观点，一种理解学习的方式。20世纪90年代，E. Wenger 和 J. Lave 在《情景学习：合法的周边参与》一书中首次提出了"合法的周边参与"这一概念，并且从这个概念中发展出实践共同体的概念。"合法的周边参与"是指新成员在实践共同体的学习过程。学习是在多重实践共同体中发生的。学习不仅是知识学习，也不仅发生在课堂上，这是一个跟学习者整个生活相联系的复杂的实践复合体。新手通过学习共同体中的实践，发展成"成员认同"。

学徒制是"合法的周边参与"过程的生动隐喻。学徒接受并且与资深成员互动,使得他们的活动"合法"。合法性指一种归属和成为成员的方式。从正面角度看待"周边",是变化的,通过成员参与程度加深,使其接触到更多的资源。在一个学徒制模型中,个人通过合法的"周边性"参与学习到的知识要远远多于正规的教学学习的知识。"合法的周边参与"有如下重要概念:

(1) 合法的(Legitimate):是指实践共同体中的所有人都愿意接受新来的不够资格的人成为共同体中的一员。

(2) 周边的(Peripheral):所谓周边,也称边缘,是指学习者开始只能围绕重要的成员转,做一些外围的工作,不完全参与所有共同体的活动。他们在参与部分共同体活动的同时,通过对专家工作的观察,与同伴及专家的讨论,进行学习,然后随着技能的增长,渐渐获得信任,才被允许做重要的工作,进入圈子的核心。

(3) 参与(Participation):是指在实际的工作中参与,在做中学习知识,因为知识存在于实践共同体的实践中,而不是在书本中,也不是被动地观察得来的。

学习是发生在特定的社会学习情境下的一种渐进式的(progressive)"合法的周边参与"。学习是情境化的,受社会文化因素的影响。倾听、观察、认知过程和符号系统的缄默习得因此十分重要,行动主体通过这些在特定的文化维度中学习。更重要的是,学习过程是"分布现实"在行为主体和资源之间的分配。事实上,物理环境和社会环境同样"参与"了学习过程。它们不仅刺激物的来源以及答案的储藏库(repository),也是一种真实而且适宜的认知手段。

情境学习假定行动者与其周围的环境(物理环境、人工制品、工具、社会关系)共同构成一个学习单元。在其中,学习过程得以"分配"（Perkins，1993）。"分配"发生在所有社会关系之上，这些关系为更多的行为主体提供分享"认知工作"和学习责任的可能性。这些行为主体制造知识产品，而知识产品可以在共同的学习背景中被分享和获得（Cole，1991）。在不同教育情境中的学习过程被看作共同分享的责任和产品，既发生在学习者内部（intra-personal），也发生在人际的交互行为中。

教育研究必须形成与复杂的学习过程以及在其中的认知主体扮演的不同角色相关的前提假设，必须关注学习环境的结构性特点，以及物理环境和社会环境中形成的认知关系的本质，而这种关系能够促进或者阻碍这些过程的发展。事实上，"心智的教育"（education of the mind）只有在能够决定其出现的情境中才可能实现。这样，我们就可以调整一些物理环境和社会环境中的参数，从而激发认知发展。

合法的周边参与、共同体中的相互投入（mutually engaged）、共同的知识库和处世态度是实现情境学习的不可或缺的因素。不是所有的新成员都能够完全参与到实践共同体中来，有一部分人会在掌握核心技术之前就退出。语言和机会（access）起着关键作用，两者也相互影响。Lave 和 Wenger 认为："学习成为一个实践共同体合法成员包括学习用资深成员的方式讲话（或者保持沉默）。"

Toohey（2000）关于移民儿童幼儿园学习的研究发现，学习教室专用语言是移民儿童融入本地共同体的主要入口。如果不能完全参与实践共同体的活动，就会被剥夺语言和物质机会。莱夫和温格尖锐地批评了将学习看作是发生在学习者大脑内部（cerebral process）的"内化"（internalization）过程的看法。"与内化式学习形成鲜明对比的是，作为在实践共同体中渐进参与式的学习关系在世界中行动的整个人。从参与的角度关注学习证明学习是

一个不断进化,不断更新的一系列关系。"(Lave & Wenger,1991)

"合法的周边参与"是情境学习最重要的特征之一,证明了学习从根本上来说,是一种社会过程,而不是孤立的心理状态。学习是学习者通过"成为社会文化活动的完全意义上的参与者而构建(configured)的行为"。学习意味着"成为一个完全意义上的参与者(full participant),一个成员,成为受这些关系系统的影响的可能性塑造成的某种人"。也就是说,学习意味着认同的构建。

"实践共同体"是指某个从业者的共同体,新手进入其中,并且尝试获得这个共同体的社会文化实践。《情景学习:合法的周边参与》一书以学徒制为研究个案,描述了五个学徒制情境(几卡坦半岛的助产士、利比亚 Vai 和 Gola 两地的裁缝、海军的军需官、屠夫以及一群匿名的酗酒者),将其中的师傅/学生,或者导师/学徒之间的关系延伸到"实践共同体"中不停变化的参与和认同转化的关系,并首次提出"实践共同体"和"认同"两个概念是学习理论的核心部分,社会学习理论从此得以发展。

社会学习理论的著名隐喻式论断为:学习的过程就是个人通过"合法的周边参与"确认自己在实践共同体中的认同的过程。学习过程中,每个人都会经历由"周边参与"的"学徒""新手"向其所处的实践共同体中心发展的过程。通过构建个体在实践共同体中的位置和关系结构,可以了解到某个群体的文化、制度、符号、权力特征等学习者外部因素。

"合法的周边参与"是一个整体概念,其对应的定义并不是"合法的""周边""参与"词汇的简单组合。"合法的"是指新成员周边性参与共同体实践的权利(Wenger,1991)。有两层含义:新手可以选择参与共同体的活动,也可以选择作为局外人不参与实践共同体的实践。"合法的"有相关、真实的含义。"周边参与"相对于"完全参与"。"参与"是指成为实践共同体的积极成员的过程。"周边"意味着多元化、多样性，或多或少地参与其中，以及在实践共同体中，参与的过程中所包括的一些方法；"周边参与"对应的是"充分参与"。充分参与意味着权力—依赖关系的平衡。实践共同体中有多种类型的"合法的周边参与"。所有的"参与"从某种程度上都是"非参与"（non-participation），因为参与者的认同不可能与共同体的实践完全一致。即使是核心成员（core participants）也不可能参与共同体所有的实践，或者，他们不能完全参与某种实践。例如，某个人可能不认可共同体的某个仪式。周边参与是参与的不完全形式，其间或多或少地夹杂着非参与。学习者在实践共同体中通过合法的周边参与，相互介入共同的事业和共享的技艺库，使得一群个体凝聚成共同体，同时决定其中每个成员的认同。在此意义上，共同体中的实践与认同是一个同一过程。

"合法的周边参与"的学习理论强调在不同的社会和教育背景下的真实的人类行为。"合法的周边参与"达到一定量之后，新手可以内化实践共同体的文化。从广义的周边参与来看，学徒逐渐地构建起对实践共同体的理解，包括如下内容：共同体中有哪些人；他们在做什么；他们的日常生活是什么样的；熟手（master）如何讲话，如何走路，如何工作，如何生活；实践共同体之外的人如何与其互动；其他的学习者在做什么；要成为完全意义上的成员需要做什么。这包括与老成员如何合作，如何交流，如何冲突，喜欢什么，厌恶什么，尊敬什么，羡慕什么。"将学习看作是合法性周边参与的过程意味着，学习不仅是获得成员认同的条件，其自身就是一种形式的不断发展着的成员认同"（Lave 和 Wenger，1991）。学习是构成实践的不可或缺的部分，与成为全人相关。"学习的关键是成为一个实践者，而不是学习实践本身"（Brown 和 Duguid，1991）。由于工作场所的特点不能简单地被学校复制，"对工作场所和学校两者来说，设计或者再设计学习环境，以便使新手以丰富而多产的方式合法地、边缘性地参与真实的社会实践。"或者简单说，"使学习者能够'窃取'需要的知识"（Brown 和 Duguid，1991）。

"意义协商"是指，我们对世界的体验以及在其中的参与是有意义的。如果所有的变化包括一种学习的过程，有效的变化过程就能够促进意义协商。在 Wenger 的模型中，这种协商包括固化和参与两个辩证的组成部分。

固化过程是每个实践的核心，是指将抽象的事物用文件和符号"凝聚化"（congealed）。固化能够防止流动的非正式群体活动阻碍合作和相互理解。但是，如果没有足够的支持，单靠固化无法支持整个学习过程。

参与是意义协商的另一个因素，指在社会性过程中积极的投入，不仅包括参与者将固化的描述（prescription）转化成具体化的表达，还包括参与者对其意义的重新建构。Wenger 认为，参与是规避固化的内在僵化性或者是含糊性的重要方式。

Wenger 将固化和参与之间的成功互动称为个人与共同体学习任务之间的"结盟"。结盟需要人们根据共同的目标使用能量，从而整合不同的角度和行为的能力。结盟的挑战是将局部的努力与更为广阔的风格和文本联系起来，并且允许学习者在其中投入精力。"结盟要求参与和固化的特殊形式，用来支持所需的协调工作。如果参与不足，我们与更为广泛的事业的关系就会变得字面化和程序化；我们的协调工作以顺从为基础，而不是以意义的参与为基础。如果固化不足，穿越时空的协调工作就会过分依赖特定的参与者的偏好，或者是过于模糊、虚幻，或者引起异议，难以创造结盟状态"（Wenger，1998）。

Wenger 认为，不同共同体之间的边界是可渗透的（permeable)，因此一个人可能分属不同的共同体。将不同的共同体产生联系的人叫做经纪人（brokers）。经纪人同时具有社会性的以及技术性的知识或者技能，懂得如何将一个共同体的固化意义（meaning of reification）转化为另一个共同体的固化意义。经纪人也必须能够召集共同体的成员，并且能够带领其发生转变。因此，新成员早期的两个关键就是能够从多大程度上得到经纪人通约的资源，之后自己能够从多大程度上通约自己所在的不同共同体之间的资源。

三、汉语国际教育专业硕士班的"班风"

蓬生麻中，不扶而直；白沙在涅，与之俱黑。

——《荀子·劝学》

班级是我国汉语国际教育硕士学习的重要组织环境，每个汉语国际教育硕士都属于某个班级。每个班级中的汉语国际教育硕士研究生年龄相仿，专业相同，学习内容也十分相近。除此之外，汉语国际教育硕士还共享相同的生活环境。在这种外部因素影响下，学习者容易形成相对稳定的、关系密切的社会群体。

随着高校的扩招，越来越多的大学在远郊设置分校区，并将部分教学管理转移到分校区进行。新生入学，接触的是相对封闭的学习环境，班级的同学群体构成了学习者交往的主要关系之一。即使在1/3的高校推行"学分制"的情况下，由于教学资源所限，同一行政班级的大部分学生仍然选择同样的课程；再加上宿舍这一共同的生活环境，班级成为影响汉语国际教育硕士学习行为的主要"学术共同体"。来自教学实践和研究的结果均表明，班级里大部分学习者遵循着整体学习行为方式，"班风"影响着学习者对学校生活的感受和参与程度，也影响着教师的教学效果。

我国大学教学实践中，能够观察到像中小学班级一样明显的

"班级"学习风格的差异,这在其他国家的高等教育中是不多见的。例如,有的班级整体学习气氛比较活跃,多数学习者表现出主动的"学习者"意识,不仅主动地接受教师的知识,而且呈现出合作、团结、相互理解的学习风气;有的班级则整体学习气氛比较沉闷,多数学习者倾向于沉默地聆听教师的讲授,对课堂活动或者提问缺乏兴趣,学习者呈现出"原子式"的个体状态,缺乏沟通和互动。不同班级的学习者,在课堂之外就学习进行的沟通和交往的频率也不一致。有的班级的学习者之间沟通得比较顺畅,班级具有较强的凝聚力;与此形成对比的是,有的班级的学习者课下缺乏交往,倾向于孤立学习,学习者的"班级成员"意识较弱。另外,研究生班级的学习风格,也可能影响其中的个体学习者。可以观察到的现象是:一个喜欢与他人积极互动的学生,在"消极型"的班级中,会受到其他学习者的排斥,并且很可能渐渐变得同样消极。反之,一个本来比较沉默的学生,在"积极型"的班级中,可能受到其他学习者的影响,而变得乐于交往,与他人建立起多重学习关系。

  班级内部的学习者交往学习关系,具有不同类型:有的学习者处于比较"核心"的位置,其学习行为能够影响与其关系比较密切的其他学习者,乃至整个班级的学习气氛;有的学习者处于比较"边缘"的位置,无论是生活中,还是学习中,都很少与他人交往,学习成绩往往较差,等等。

  这些有趣的现象表明,大学的"班风"是影响个体学习者学习行为的主要因素。

  "班风"研究应该受到教育工作者的高度重视。现代大学必须拥有教学、学习、探索上的自由,并且能够保证开展应有的科研活动、培养全方位的研究人才(陈洪捷,2009)。因此,大学教师既要部分地以"知识权威"的形象出现,传授给学习者知识,同时又要促进学习者的自我发展,实现教育培养人的目标。现实中,学习者的学习过程既包括独立的自主性学习(independent self-directed study),也包括集体的共享性学习(collective shared learning)(Pilbeam 和 Denyer,2009)。

大学教师与学习者的接触时间十分有限,对学习者的了解是基于学习者在班级等学习群体中的表现形成的。因此,教师应该对班级学生整体的学习状况有所了解和把握,从而利用"班级"这个基本教学单位,塑造理想的班级学习风格,利用学习者之间的交往学习关系培养汉语国际教育硕士的"学习者"角色意识,从而实现知识传输和培养学习者的发展的双重目的。这也是每一个高等教育工作者需要关注的现实问题。

大学学习不是一种个人行为,而是一种发生在学习者群体中的社会行为。由于我国高等教育的特殊性,"班级"作为一个"同辈群体",个体的学习行为会受到其所在的学习群体的影响,即同一班级内部的学生之间存在"同辈效应"。而这种"同辈效应",必将影响学习者的学习行为和学习绩效。研究表明,我国汉语国际教育硕士对班级具有较强的归属感(初晓磊,2008)。与其他国家相比,我国的大学有一个突出的特点,即"班级"是汉语国际教育硕士教学行政管理基本单位。而国外的大学一般没有"行政班级"的概念,也不要求统一的住宿。国外大学中,"班级"的概念,往往指"教学班",无法称之为稳定的学习群体。关于研究生班级"班风"的研究,国内外的学术研究都比较匮乏。原因之一是,班级作为基本行政教学管理单位,是中国高等教育独有的特色。在国外高等教育研究领域,大学班级研究不构成研究问题。原因之二是,国内的"班风"研究集中在思想政治教育领域,经验性的讨论居多,缺乏系统的学术研究。

国内外与"班风"研究接近的相关学术研究集中在"同辈效

应"角度。"同辈效应"是社会学术语,是从"同辈群体"角度探讨群体对个体行动者的某种行为的影响。"同辈效应"的社会学研究比较充分,在教育学领域的相关研究也是新兴热点。目前学界认为,"同辈效应"对学习者的学习动机、学习行为和学习绩效都会产生重要影响(Zimmerman,2003;Hanushek,2003;Ryan,2001;Halliday 和 Kwak,2008)。

因此,研究我国大学的"班级"乃至"班风"问题,与研究"同辈效应"有较大区别,必须从我国高等教育实际情况出发。国内的汉语国际教育专业硕士班"班风"研究集中在政治思想教育领域,另一部分是教师或者辅导员的经验分享式文章,其关注的问题、方法和研究范围,均与本研究有较大区别。

本研究认为,"班风"与学习者的价值观、推理能力、对所学专业的清晰理解、技术技能、判断、专业知识、自我导向学习、批判性自我评估和反思实践等一系列因素密切相关,这些因素共同形成了"职业认同"。本研究采取定量研究方法和质性研究方法相结合的混合研究方法,从班级内部学习者之间的交往学习关系入手,研究汉语国际教育专业硕士班"班风"的形成机制和主要类型,能够体现群体对个体职业认同的影响。

(一)概念界定:"班级""班风""交往学习"

1. "班级"

本研究中的大学"班级"特指"行政班级",以区分"课程班"或"教学班"。后者是指学分制条件下形成的,由于共选某一门课程形成的学生团体。界定"大学"这一概念,本研究将"大学"与"普通高等学校"区分开来。《教育大辞典》对"普通高等学校"的定义如下:"与成人高等学校相对应的,按照国家规定的设置标准和审批程序批准举办的,通过全国普通高等学校统一招生考试，招收高中毕业生为主要培养对象，实施高等教育的全日制大学、独立设置的学院和高等专科学校、高等职业学校和其他机构。"关于普通高等学校成为"大学"的条件，教育部颁布的《普通高校设置条例》（2002 修订稿）中明确规定："实施本科及本科以上教育，主要培养本科及本科以上的专门人才。"《现代汉语词典》中的"班级"是指学校为实现一定的教育目的，将年龄相同、文化程度大体相同的学生，按照一定的人数规模建立起来的教育组织，是学校的基本教育单位，也是行政管理的最基层组织。

2."班风"

传统的"班风"定义往往来自学生发展和班级管理研究领域。"班风"的界定角度有两种：

一种角度是为班级中大多数学习者所接受的思想观念、价值观等。例如，有学者认为，"班风"是班级成员通过多种活动而形成的集体心理氛围、班级组织和交往行为，以及通过班级所体现出来的群体价值取向、意志品质和思维方式、思维能力等（陈相雨等，2009）。

另一种角度是为班级中大多数学习者所接受的制度体系、行为方式等。这种"班级文化"是具体的（初晓磊，2008）。

本研究力图整合两种"班风"的研究角度。本研究认为，"班风"是指在班级内部发生，通过学习者的交往学习形成的，由大部分学习者遵循的整体学习行为方式。与传统研究不同，本研究从学习论角度考察"班风"的特点，既关注学习者在班级内部通过交往学习形成的"班风"的动态形成机制和主要模式，也关注学习者由于交往学习能力的不同造成的在班级中的角色和位置差异对班级整体学习风格的影响。

3."交往学习"

"交往学习"（communicative learning）特指学习者以其所在的

学习群体的其他学习者为对象,并以与其他学习者的对话、互动为主要沟通形式的学习类型(陈佑清,2005)。与"合作学习""协作学习"等概念不同的是,本研究中的"交往学习"更加强调学习者在学习过程中自发形成的群体内部的学习者交往关系,以及这种交往关系构建起的学习网络模式。

本研究通过分析学习者在班级内的"交往学习"模式,探讨汉语国际教育专业硕士班"班风"的形成机制和主要类型。

(二)"班级""班风""交往学习"研究综述

1."班级"研究综述

国外的"班级"研究,集中在中小学教育阶段,其重点是"课堂学习环境"研究,主要研究学生或教师对所处班级或课堂的知觉或感受。对课堂学习环境的研究主要采用两类方法:客观的方法和主观的方法。客观的方法是由研究者对课堂学习环境直接进行观察的方法;主观的方法则是以生活于课堂环境中教师和学生的感受来评价课堂学习环境的方法。

20世纪60年代以来,课堂学习环境的研究开始更加关注从学生的角度考察课堂学习环境的特点,并且更多地运用了访谈和调查问卷的方法。例如,弗雷泽等人(Fraser,1986)针对汉语国际教育硕士学习行为进行了研究。该研究认为,学生的行为可以概括为两类:社会整合(socially integrative)行为和支配(dominative)行为。其中,社会整合行为有利于学生独立性和创造力的发展,而支配行为则会使学生变得压抑和缺乏独立性。

课堂学习环境与学生学业成绩的关系是研究得最多的领域。但是国外的相关研究集中在中小学阶段(Goh Swee Chiew,1995)。近些年来,国内也出现了关于课堂学习环境的成熟研究案例。例如,陆根书等(2010)应用自主开发的"大学数学课堂学习环境问卷",对全国不同地区、不同类型的15所高校100多个班级的一年级新生进行了调查,并根据调查数据分析了学生感知的大学数学课堂学习环境的特征,得出了测量大学数学课堂学习环境的9个维度:"师生关系"和谐程度、学生的兴趣与满意感、课程的难度、同学之间的互助合作和竞争的程度、教与学过程中创新的程度、学生的选择权、课堂秩序、课堂被少数人控制的程度、同学之间缺乏了解以及矛盾的程度等。本研究仅从生生关系出发,考察汉语国际教育硕士的交往学习行为,不包括对师生关系的考察。因此,对上述文献不做详细评述。

"班级"研究是国外教育社会学的热点研究问题之一。与本研究有关的讨论,是"班级"的本质问题,即"班级"是否可以看成是一种社会组织。我国教育学界有两种主要观点(吴康宁,1994,1998;谢维和,1998)。

第一种观点认为,"班级"是一种社会组织。这种观点起源于教育社会学。教育社会学领域关于"班级"研究的代表人物是美国社会学家帕森斯。后续研究者也通过理论阐述赞成这一观点(克鲁普斯卡娅,1959;马卡连柯,2005;片冈德雄,1993)。

关于"班级"属性的另外一种观点认为,班级是一种社会初级群体,而非一种社会组织(谢维和,1998)。生生之间、师生之间的直接交往,并不受其班级结构的影响。而且,情感在班级成员之间的交往过程中,占有十分重要的地位。学生之间不仅仅是并列的学习者关系,也存在朋友关系和伙伴关系。

还有学者从理论角度论证,"班级"是一种"文化"和"精神"的"共同体"(毛景焕,2003)。强调"班级"成员应该精神上相互平等,共同分享共同体内部的文化和价值观资源等等。由于"班级"研究集中在中小学教育领域。此处不予详述。

2."班风"研究综述

"班风"研究独具中国高等教育特色。由于国内外教育管理体制的差异，国外的大学并无明确的"班级"作为基层教学管理单位。可以借鉴的国外同类研究是对"同辈群体"和"课堂环境"的研究。国内与汉语国际教育专业硕士班"班风"有关的研究很少见。

20世纪90年代至今，随着我国大学的"扩招"和学分制的推行，研究关注的问题是，在学分制背景下，研究生班级如何发挥凝聚力，推动学习者的全面发展。但是，关于班级学习风格的"班风"研究十分少见，特别是基于第一手的实证数据；对大学的班级内部学习者整体学习行为特点进行的研究更是稀少。可以查到的国内关于"研究生班级研究"的相关文献偏向于人际关系研究和心理学相关研究，从教育学视角出发的学习者学习关系研究比较罕见。

赵一璇等（2019）认为，在研究生班级内同学之间更倾向于同性间的交往；处于班级人际网络中心学生的性别与班级男女构成比例有关；大学生人际关系网络的程度中心度与孤独感呈显著负相关，人际关系网络的程度中心度与人格的外倾性、开放性和谨慎性呈显著正相关；人格的外倾性在孤独感和班级人际关系网络程度中心度间起完全中介效应。

综上所述，虽然大学的"班级"独具中国特色，但是大学的"班风"研究文章，仍然停留在以经验陈述为主的论述性层面，既缺乏实证性的研究，也缺乏系统的理论研究。由于本研究与该类研究差异较大，故不再详细评述其情况。

3. "交往学习"研究综述

学习者进行"交往学习"的程度受学术文化的影响，也受到学习者不同学习方式的影响。虽然不同学科之间存在着明显的文化差异，但是学习者之间的"交往学习"关系是普遍的。例如，自然科学学科的文化是黏性文化（cohesive culture）（Becher, 1989）。在这种文化中，个体学习者通过一种共享的方法进行合作学习，解决学习者之间公认的问题。有研究表明（Delamont、Atkinson 和 Parry，2000），自然科学领域的学生由于共享实验室，与社会科学领域的学生相比，有更多的机会与其他学习者交往。本研究的假设是，汉语国际教育硕士之间普遍存在"交往学习"现象。

"交往"一词本身兼具自然科学和社会科学的意义。其英文 Communication 有通信、信息、传播以及交流、交换等多种含义。本研究中的"交往学习"（communicative learning），特指学习者以其所在的学习群体中的其他学习者为对象，并以与其他学习者的对话、互动为主要形式的学习类型。本研究关注汉语国际教育硕士之间的"交往学习"模式和特点。因此，需要梳理现有的关于"交往学习"的研究。

"交往"这一概念，包含哲学和社会学意义。从"交往"的哲学意义上讲，"交往"是人的存在方式和发展方式。"交往"是人类所特有的社会行为，以其自身特有的形式显示出人的社会本质。人只有通过处理与外部世界的关系才能存在。正如马克思所说："人的本质并不是单个人固有的抽象物，在其现实性上，它是一切社会关系的总和。"雅斯贝尔斯从存在主义立场出发，认为"交往是存在之路"，人在"交往内存在"。在他看来，人只有在同另一个自身存在的人交往时才是实在的人，只有在与他人相处时，"自我"才能在相互发现的活动中被显露出来。如果没有他人，没有与他人的交往，"我"就无从存在。从这个意义上说，"交往"是人的社会关系的活化形式和动态表现，存在于人的一切活动中，并充当着人的各种活动的纽带。

哈贝马斯是对"交往"论述最多的哲学家。他把"交往"问题作为社会研究的根本性问题予以重视。哈贝马斯（2004）将"交往行为"定义为：两个或两个以上的主体间以语言或符号为媒介，以言语的有效性为基础，以达到相互理解为目的，在意见一致基础上遵循语言和社会规范而进行的、被合法调节的、使社会达到统一并实现个人同一性与社会化相统一的合作化的、合理的内在活动。社会学意义上的"交往"，在社会、文化和历史大背景中，研究"交往"与社会系统方面的关系。不注重"交往"过程中的技术性手段，而着重分析"交往"的社会文化内涵。这种"交往"理论侧重于"交往"的社会本质，"交往"的个体性和社会性根源，"交往"的工具性和中介性结构，以及"交往"的社会功能和效益。

最早的"交往学习"研究可以追溯到20世纪初美国教育家杜威对"交往"的教育价值的论述。在其著作《民主主义与教育》（2001）中，杜威强调，民主主义的最高理想是创造一个合作的、和谐的世界社会。而学校的主要责任是教育学生，教育大众。教育改变人的思想习惯，也改变人们的信念、愿望和意图。这些改变，是要指导个人成为真正的共同体的成员。而学习者只有通过跟他人交往、分享知识和经验才能达到这个目标。杜威认为，在学校中最能加以利用的冲动分为四类：交往、探究、建造和艺术表现，统称为儿童的"兴趣"。教育的作用，就是把这些天生的冲动或兴趣变成智力活动。而教育的责任，就是帮助学习者找到能够满足好奇心的途径。

杜威之后的心理学家为"交往学习"的理论发展进一步奠定了基础。苏联心理学家维果斯基将人的高级心理机能发展的基本规律概括为：由"交往"而实现的个体间的心理机能向个体内部的心理机能内化的过程。另一位苏联心理学家洛莫夫认为，要研究作为对现实反映的人的心理，就要分析人的社会存在。而人的社会存在除了个体的活动以外，还应包括人际交往。活动与交往从其内容来看是不一样的，前者是主体—客体关系，后者反映的是主体—主体关系。交往同活动一样，也是决定人的发展的基本因素。

  建构主义学习观中的社会建构理论也关注"交往学习"研究。社会建构论者认为，知识不存在于个体内部，而属于社会。知识以文本的形式存在，所有的人都以自己的方式解释文本的意义，这一意义就是知识在某种共同体中运作其功能的过程。知识具有社会性：知识在人类社会范围里被建构起来，又在不断地被改造。知识是随着对话的继续而被不停地生产出来的。要想拥有知识，就必须在某一确定的时间，在一种正在进行的对话关系中占据某一确定的位置。社会建构论者将合作或对话过程视为教育过程的核心，并倡导"合作式学习"。他们认为，在合作学习的过程中，学生之间进行的交流起着主要的教育作用。一个人通过加入、联合和批判性地考察别人的观点来学习，通过互动还可以产生各种新见解。每个学习者都在以自己的经验为背景建构对事物的理解，不同的人看到事物的不同方面，因此不存在对事物唯一正确的理解。通过讨论和合作学习，可以使他们相互了解彼此的见解，看到自己抓住了哪些信息，又漏掉了哪些信息，从而超越自己的见解，形成更加丰富全面的知识。

  汉语国际教育硕士的学习离不开其所处的学习群体。汉语国际教育硕士孤立于学习群体中的其他学习者的程度，或者与其他学习者融合的程度，是衡量个体学习者特征的指标，也是研究大学学习本质的指标。在这种情况下，除了教师是学习资源，学习者之间也存在着密切的关系。例如，在教师的课堂上要求学习者完成的合作学习活动，就是一个典型的例子。但是并非所有的学习都是正式的。Thomas（1998）对大学本科生的学习网络实证研究，Hasrati（2005）对博士生学习的实证研究都表明，高等教育的学习者的学习发生在学习群体中，并且大部分以非正式的形式表现。

学习者在课堂上的交往学习以合作学习的形式体现。合作学习是组织和促进课堂教学的一系列方法的总称。学生之间在学习过程中的合作则是所有这些方法的基本特征（沙伦，1996）。合作学习是教学法研究的热点问题。美国教育家帕克和杜威都对合作学习的理论和实践发展作出了重要贡献。帕克对昆西教育进行了改革，将合作与民主的氛围引入课堂之中，从而获得了巨大的成功。杜威把合作学习作为"做中学"教学方法的组成部分。

20世纪40年代，社会心理学家道奇发展了勒温的群体理论，形成了合作与竞争的目标结构理论，为合作学习在20世纪60、70年代的重新兴起奠定了理论基础。

合作学习成为教学策略中被研究得最为充分的领域。学生学业成绩、多种族课堂中的组间关系以及同伴关系是研究结果中最常见的因变量，同时还伴随着许多其他心理与社会方面的研究（沙伦，1996）。在大多数研究中，传统的课堂教学充当控制或对照组，实行合作学习的班级充当实验组。关于合作学习的研究有一个非常显著的特点，即几乎所有的研究都是在学校中进行的控制性实验，对如何控制自变量都有文献记载。但是，合作学习研究的一个明显缺陷是，如何在自然的教学环境中严格控制所采用的教学程序的精确性、实验的周期以及与学生智力背景相关的干扰变量。合作学习研究涉及小学、中学和大学各级教育层次，在英语、数学等各个基础科目上的应用探讨也比较深入。

国外对合作学习的研究已取得了丰富的研究成果，但也存在某些不足。比如，对合作学习的适用条件没有清晰界定，缺乏对合作学习系统化的评价体系等。而且，当越来越多的合作学习模式推荐给了教师，但是却缺乏在具体教学情境下的指导时，教师在教学过程中使用合作学习的效率比较低，远远低于试验中的绩效。

合作学习的研究者注意到了这些问题，国外合作学习的研究因此出现了两种新的研究动向：

一是研究方法的改变，注重从实验室走向具体课堂，开展情境中的合作学习研究；

二是研究理念的改变，趋向于强调合作学习从经验到理论的统一。

合作的方式从课堂拓展到整个学习环境，包括课上课下的时间，也包括学习者之间课堂内外的交往。

从学习论的角度研究"交往学习"，是我国高等教育学界新近兴起的一个研究热点。人们过去讨论得较多的是包括"合作教学"在内的"交往教学"。但是，在自然环境中发生的，学习者之间自发产生的，以他人为对象并以与他人的对话和互动为主要形式的学习方式，没有受到足够的关注。随着人本主义教育理念的倡导，对学习者的关注也逐渐成为教育研究的热点问题之一。由此，"生生交往"作为一种新型的研究角度被引入以培养人为目的的教育领域中是一种必然。因为用人际交往理论来引导的交往学习，是一种更贴近学习本质的学习方式。陈佑清（2005）等人在"交往教学"的研究基础上，提出了"交往学习"的概念。这种提法开辟了国内教育界对于"交往理论"的正式研究，但是仍然停留在对理论的探索阶段。关于汉语国际教育硕士"交往学习"的机制和特点，国内尚缺乏实证研究加以考察。

本研究关注的"交往学习"与"合作学习""小组学习"等学习形式的主要区别是："交往学习"是指发生在课堂内外，由学习者自发产生的学习交往，教师在课堂上的干预和教学设计的因素不在"交往学习"的研究范围之内。而"合作学习""小组学习"已经成为教学研究中广泛使用的教学手段，其概念界定也比较清晰。本研究的目的在于，通过研究班级内部学习者"交往学习"的模式，总结汉语国际教育研究生班级"班风"的形成机制和特点。学习者在自然学习状态下的自发交往学习行为，是本研究的重点。

纵观现有的汉语国际教育专业硕士班"班风"的相关研究，可以得出以下三个结论。

首先，从汉语国际教育硕士的群体学习行为出发的班级研究比较匮乏。大部分关于汉语国际教育硕士的研究从个体学习者的角度出发，从整体视角看待学习者学习关系的研究很少。

其次，现有的"班风"研究缺乏实证数据作为支撑手段。与实行了学分制的其他"大众化"高等教育国家不同，我国大学扩招带来的教育资源的紧张，决定了我国大学在过渡到真正的"弹性学制"之前，班级仍然是主要的学习者行政管理单位。因此，大学的"班风"研究，只能从我国的高等教育实际出发。

最后，大多数"班风"研究是以思想政治教育领域的经验分享为主，基于系统的理论分析的学术研究比较匮乏。

综上所述，研究问题可以进一步聚焦为：在确定理论框架的基础上，采用定量研究和质性研究的方法收集、分析并解释数据，从汉语国际教育硕士"交往学习"的主要模式和特点，探索汉语国际教育专业硕士班"班风"的形成机制和特点，并论证这种"班风"对"职业认同"的影响。本研究中的"交往学习"包括"静态""动态"两个层面的意义。"交往学习"对班级的影响的静态视角，是指班级的交往学习能力与其学习绩效之间的关系。在本研究中，这种关系通过学习者在学习群体，即在班级中的学习者交换网络中心性指标体现；"交往学习"对班级的影响的动态视角，是指班级构建"班风"的动态过程，本研究通过质性研究加以体现。

第四章

汉语国际教育专业硕士人才培养研究的新角度:"班风"

人才培养是大学的首要职能。大学是世界上历史最为悠久的学术共同体，其主要任务就是引导学习者从一个学科的外沿，即"新手"，慢慢进入到一个或者多个学科的内部，即"熟手"。现代大学必须拥有教学、学习、探索上的自由，并且能够保证开展应有的科研活动、培养全方位的研究人才（陈洪捷，2009）。然而，事实告诉我们，高等教育的人才培养基调与中小学教育差异不大。例如，大学学习有起点，有终点；大学教育仍然以一种个人化的方式引导学习者：教室之内，大学学习者通过教师的讲授获得知识；教室之外，学习者通过与媒体的互动，孤立地学习知识；评价学习者的时候，我们仍然让学习者"单打独斗"地接受书面考试；多数教师习惯于把精力集中在科研和传授知识上，很少关注"学习"，"如何学习"，等等。

学生是"学习者"，这本是一个毋庸置疑的话题，但是现实的大学教育并未赋予学生真正意义上的"学习者"认同。在较多情形下，学生仍是被教育、被改造、被形塑的对象，是接受他人影响的、被动的接受者（刘春花，2008）。目前我国的教育环境中，"班级"仍是汉语国际教育专业硕士乃至很多专业硕士学习者从属的主要学习群体。大部分课堂学习活动，以及部分课下学习活动，都是在以班级或者以年级为单位的学习群体中完成的。

大学学习者的行为具有更大的自主性和社会性。以汉语国际教育专业硕士为例，在具有较大自主学习空间的条件下，由于所学专业相同，所选课程具有较大相似性，甚至共享同样的生活环境，学习者的学习行为更容易受到其所在的学习群体中其他行为主体的影响。基于多年的教学实践，研究者发现，汉语国际教育专业硕士学习行为里，共享的集体学习行为是一个突出的特点。

首先，学习者并非完全孤立学习，在大学课堂内外存在大量的"学伴"现象。也就是说，两名同学或多名同学会在学习资源、学习信息方面进行合作、分享和交换。这种相互的支持对个体的学习行为和学习绩效常常产生很大的影响，此外，班级是学生学习的重要组织环境，在此环境中，学习者容易形成相对稳定的学习群体。例如，学生同宿舍、学生的座位位置比较接近，这种亲密小群体的位置关系比较紧密的现象很普遍。学习者在课堂上自发地或者根据教师的要求进行合作学习；课下共享课堂笔记等学习资料；考试前自发地进行关于课程知识点的讨论，共同复习。在有组织的课堂学习之外，学习者也往往自发组合为若干不同的"子群体"。这些"子群体"人数从两人至多人不等，可能以舍友、同乡划分，也可能以朋友群体、共同的兴趣等因素划分。

另一个可以观察到的现象是，个体学习者的学习行为与其所在的学习群体密不可分。例如，同一年级的两个班级往往会出现截然不同的学习风格。这种风格能够直接影响到个体的学习行为。同一老师提出的同一问题，"内向型"班级的学生倾向于沉默，课堂比较安静；"外向型"班级的学生倾向于积极发言，课堂比较活跃，等等。

这些现象表明，个体学习者通过与其他学习者的互动构建知识，个体学习者时刻受到其所在的学习群体的影响。因此，个体学习者的学习行为，与其所在学习群体、与其跟其他学习者之间的互动密不可分。研究个体学习者的"学习者"角色，必须从其与集体的关系入手。学习者"我是谁？""在这个群体中我是谁？""我如何成为现在的我？"等关于不停变化的自我角色、群体角色的追问，应该受到教育研究者的关注。

汉语国际教育硕士对自身以及他人在学习群体中角色的理解，也与其职业认同相关，这种认同在班级中更多地体现为班级的整体学习风格，或者是"班风"。例如，教学实践中，我们可以观察到几种不同的学习者类型。

第一类是成绩优秀,在学习群体中扮演"专家"角色的学习者。他们在教师无法出现时,在出现争议或者讨论的学习场合,往往由于能够给出比较权威的答案,在学习群体中享有更多的话语权。

第二类是学习资源丰富并且乐于分享资源,在学习群体中扮演"信使""经纪人"角色的学习者。他们能够在第一时间得到关于某门课程的新资源或者信息;友善的个性使其与多个小群体的关系都比较密切,是学习群体中最受欢迎的一类人。

第三类是成绩较为落后,在学习群体中比较疏离其他学习者,很少进行沟通的学习者。

这三种类型的学习者,与他人沟通的交互式学习能力有较大差异,在学习群体中扮演着完全不同的角色。远离他人、从不或者极少与其他学习者沟通、互动的学习者,其专业认同感往往相对低。学习绩效突出的学习者,在学习群体中具有相对重要的"话语权",其他学习者更加依赖这些学习者对于学习问题的判断,等等。这些有趣的事实提示我们,汉语国际教育专业硕士学习过程仍然是社会化的认同过程,学习者个体有求得"同辈群体"认同以及对群体归属的社会需求,与其他社会角色一样,学习者角色拥有一整套权利、义务的规范和行为模式,个体学习者的角色也处于与他人的互动和期待中。

综上所述,关于汉语国际教育专业硕士的职业认同形成,可以从"班风"形成的两个角度加以研究。

第一个角度是动态角度,考察学习者角色的构建过程和模式;

第二个角度是静态角度,考察学习者角色与其学习绩效之间的关系。

本研究使用的"职业认同"包含"动态""静态"两个层面意义上的"学习者角色"。"职业认同"在本研究中指学习者在学习群体中"认可某人"和"认可自己成为某人"的过程和结果。因此,一方面,"认同"既包括学习者对他人角色的动态理解,也包括对自己学习者角色的动态理解;另一方面,"认同"也指学习者在群体中角色的固化状态,即其在群体中的绩效表现。在本研究中,这种状态通过学习者在学习者网络的中心性指标体现。

本研究以某大学汉语国际教育专业硕士两个班级的学生群体为研究个案,从学习者交往关系视角出发,采用社会网络分析方法和质性研究方法,描述并解释一个学习者在"同辈群体"中基于交互式学习关系的个体学习者角色,以及这种角色构建的动态过程,并以此动态过程来描述汉语国际教育专业硕士在班级中形成"职业认同"的过程,如图4-1所示。本研究关注的重点是学习者在"工具网络""工作网络""情感网络""社会资本网络"四种学习网络中体现出的个体交往学习能力,并通过网络的强度和大小分析学习者的学习能力及其学习绩效的关系。

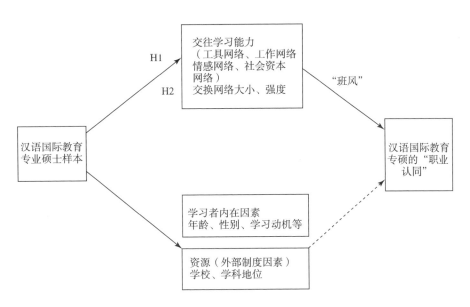

图4-1 "职业认同"的动态过程

本研究采取的社会网络分析工具基于实证数据,能够直观地体现学习者之间的学习关系、学习者在学习群体中的地位对其学习绩效的影响。本研究采取定量研究方法和质性研究方法相结合的混合研究法。定量研究部分采用社会网络分析方法,质性研究方法采用系统隐喻分析方法和访谈法。研究技术路线如图4-2所示。

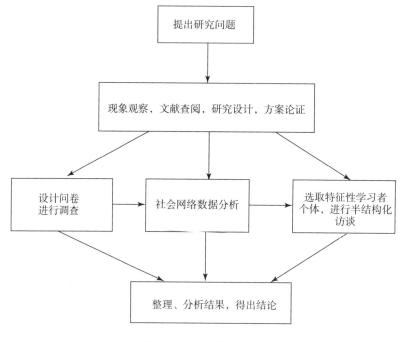

图4-2 研究技术路线

第一节 研究方法

本研究采用了混合研究方法(mixed research methods)。混合研究方法是指研究者在同一研究中综合调配或混合定量和质性研究的技术、方法、手段、概念或语言的研究类别(Johnson和Nwuegbuzie,2004)。在预研究阶段,本研究首先使用质性系统隐喻研究方法,确定研究群体的学习者之间存在相似的价值观理解,即"同辈效应"。这为之后探讨班级内部的学习者交往学习关系，进而探讨"职业认同"的形成机制奠定了基础。之后本研究分别采用社会网络分析方法和质性研究方法，探讨汉语国际教育专业硕士生交往学习的模式和特点，并基于此总结"班风"的形成机制。

一、社会网络分析方法

汉语国际教育专业硕士"班级"是一种社会网络结构，可以采用社会网络分析方法加以研究。就研究生班级本身的特点来说，从规模和交往关系上，都具有社会组织或者社会群体的特点。

首先，从成员的规模看，目前我国大学的班级通常都有30～60人。按照一般社会学的观点，这样的组织规模应该列入社会组织分析的框架。

其次，因为研究生班级规模较大，学习者的交往学习关系也往往呈现出比较复杂的特点。因此，必须使用一种直观、简明的方法，呈现班级内部学习者的交往模式，从而进一步挖掘"班风"的特点。

社会网络分析方法是对社会网络的关系结构及其属性加以分析的一套规范和方法。它将关系视为分析单位，把结构看成是行动者之间的关系模式，根据行动者之间的关系模式来理解观察社会行动者的属性特征，并且用关系结构对活动的限制来解释行为。社会网络分析方法的这些特点，能够满足本研究关于学习者"交往学习"的静态分析部分的研究目的。因此，本研究首先采用社会网络分析方法，考察研究生班级内部的"交往学习"模式。本节将从社会网络分析的定义、理论基础、研究传统、研究取向等方面，综述现有的社会网络分析研究。

（一）社会网络分析方法的定义

社会网络分析（social network analysis）方法是对社会网络的关系结构及其属性加以分析的一套规范和方法（罗家德，2005）。社会网络分析方法描述个体及其所在的群体之间的关系，以及个体拥有的资源的数量。社会网络分析方法最早可以追溯到20世纪30年代的心理学和人类学研究，作为社会学研究范式，成熟于20世纪70年代。因为主要分析的是不同社会单位所构成的社会关系的结构及其属性，又被称为"结构分析方法"（structural analysis）。社会网络分析方法是对结构的研究，这里的结构指社会实体的关系模式中的规律。这些社会实体可以是人、群体或者组织。社会网络指社会行动者及其间的关系集合，这个概念强调每个行动者都与其他行动者相关。社会网络分析者建立这些关系的模型，力求描述群体关系的结构，研究这种结构对群体功能或者群体内部个体的影响。社会网络的形式化界定是用点和线来表达网络，一个社会网络是由多个点（社会行动者）和各点之间的连线（行动者之间的关系）组成的集合。社会网络分析中的个体是节点（node），个体之间的关系用连线（linkage）表示。

近20年来，社会网络分析方法作为政策分析的工具，被广泛应用于组织管理和商业管理领域。该方法常常用来研究促进交流、合作的组织行为、小组表现或者创新等问题。社会网络分析方法增进了研究者对人类行为和群体动力学的理解。社会网络分析方法对于研究行动者的附加性信息、关系（例如友谊、同事、敌对）以及活动或者资源类型（例如信息、金钱、材料）特别有用。

社会网络分析方法对于社会结构研究的贡献在于：强调社会科学研究的对象应该是社会结构关系，而不是个体。主张通过研究网络关系把个体间关系、"微观"网络与大规模的社会系统的"宏观"结构结合起来,从而对社会结构提供新的解释。

(二) 社会网络分析的理论基础

社会网络分析是研究社会关系对个人或者群体行为的外显性影响的结构社会学。社会网络分析有几个方面的理论根源。社会网络分析的部分理论基础可以追溯到精神病学家 Moreno 的社会计量(Sociometrics)研究。Moreno 用图示来体现人与人之间的关系(Moreno,1934)。也有人认为,社会网络分析起源于英国人类学家 John A. Byrne、Elizabeth Bott、Clyde Mitchell 等人的研究,或者是来源于法国结构主义学家 Levi-Straus 的思想(刘军,2009)。社会网络分析通常被看做是结构社会学的一支(Wellman,1988)。结构社会学认为,与文化规范(cultural norm)或者其他的主观状态(subjective states)相比较,社会性结构、约束力和机会能对人类行为产生显著影响。结构社会学的经典理论受到社会学家涂尔干、马克思,特别是 Simmel 等人的思想影响。Simmel 对结构社会学的影响来自他对社会生活的规范性属性(formal properties)的关注。Simmel(1921)认为,在广泛的背景下,特定类型的社会关系依从具有相似特征的模式。例如,在任意一个包含三个行动者的社会情境下,一个行动者可以利用其他两个行动者之间的矛盾获利。这种模式可能出现在人与人之间,组织之间,甚至是国家之间。社会关系的模式和规范比内容更重要。

社会网络分析方法的发展在西方已有数 10 年的历史。近 20 年,其发展有三条主线:

第一是社会测量学学派,主要在运用图论(graph theory)方法方面对社会网络分析方法的发展有所贡献;

第二是 20 世纪 30 年代的哈佛学派,主要在研究人际模式和"小集团(cliques)"结构方面有所成就;

第三是曼彻斯特的人类学派。

其中,最著名的社会测量学(Sociometrics)与格式塔心理学派密切相关。如 Kurt Lewin、Moreno 等都是格式塔心理学的著名代表人物。他们在 20 世纪 20—30 年代从纳粹德国移居美国后,发展了社会测量学这一学派。Moreno 一直关注人际关系用于心理治疗之间的关联问题,或者说是个人的心理满足与"社会构型"(social configurations)的结构因素之间的关系。这种构型产生的基础,就是人们之间的相互选择、吸引、排斥和友谊等人际关系模式。Moreno 的主要贡献是用社网图(sociogram)反映社会构型的关系属性。此方法用"点"来表示个人,用"线"来表示他们之间的社会关系。他认为用此方法可以表明人际关系的结构。例如他所提出的"明星"(star)概念,就是指对网络成员来说关联最密切的人(Moreno, 1934)。社会测量学的另一位代表人物 Lewin 提出了著名的"场(field)理论"。"场"就是由群体与其所处的社会环境共同构成的社会空间,故群体及其环境是一个关系"场"内的要素。Lewin 认为,群体所处的社会力量"场"决定着群体的行为。Lewin 用拓扑学和集合论等数学技术对"场"这种社会空间进行分析,以说明群体和环境的相互关系(Lewin, 1951)。

社会网络分析方法不仅代表了对关系或结构加以分析的一套技术,也是一种理论方法,即结构分析思想。社会网络分析家 Barry Wellman 指出(1988):"网络分析探究的是深层结构。这种深层结构是隐藏在复杂的社会系统表面之下的一定的网络模式。"例如,社会网络分析学者关注的是,特定网络中的关联模式如何通过提供不同的机会或限制,从而影响到人们的行动。社会网络分析学者对社会结构的主要构成要素,也就是对位置和角色的分析也不同于传统观点。社会网络分析中关于位置和角色的研究依赖于这样一个假定:群体的角色结构以及个体在群体中的位置,都可借助于体现关系的一组网络数据来加以测量。

社会网络分析方法的两个传统是形式主义（formalist）和结构主义（structrualist）。形式主义关注网络的模式，而不是内容。社会网络分析学者认为，在很广泛的主体情境下（substantive context），相似的模式可能有相似的行为结果。很多形式主义学者的研究方法是自下而上的，例如研究三元组结构如何影响大规模的社会系统。其他的形式主义学者采用自上而下的方法，提出只有在整体的结构中才能对局部的结构进行研究，并使用社会网络分析方法来描述社会系统的整体性角色结构（Boorman 和 White，1976）。

社会网络分析方法的第二种研究传统是结构主义。这种传统使用不同的网络分析概念和技术，探讨很多社会学家感兴趣的主体性（substantive）问题。一些研究者分析整体的网络，也就是在人群中所有某类关系的联结，并以此来研究大公司内部的联结模式（Levine，1972；Scott，1991）。其他人则从个体的角度分析人际网络，研究其联结的组成、内容和建构（configuration）如何影响流向网络中的人的资源（Wellman，1981）。很多学者关注网络属性对大规模的社会系统的整合的影响，这也是自涂尔干以来的社会学的热点问题。本研究受结构主义观点启示，分析班级内部的学习者角色和位置，反映班级整体交往学习状况。

社会网络分析的研究内容可以分为两个取向：位置取向和关系取向。

位置取向研究行动者在社会网络中的位置问题，主要关注存在于行动者之间的、且在结构上处于相等地位的社会关系的模式化（patterning），主要包括中心性研究、凝聚力、结构和角色等。它讨论的是两个或两个以上的行动者和第三方之间的关系所折射出来的社会结构，强调用"结构对等性"（structural equivalence）来理解人类行为。位置取向强调的是网络中位置的结构性特征，以结构上的相似为基点，以关系的相似性为基本特征。在位置取向看来，位置所反映出来的结构性特征更加稳定和持久，更具有普遍性，因而对现实也更有解释力，且需要分析的内容也简单明了。

关系取向则是对关系属性的研究，主要关注行动者之间的社会性关系，通过社会联结（social connectivity）本身，如密度、强度、对称性、规模等，来说明特定的行为和过程。不管研究方向是哪一种，社会网络学者们都青睐用点（point）来表示行动者（actor）（个体或群体），用联结（tie）来表示行动者之间的关系（relation）。本研究关注关系取向。

社会网络分析有两种基本网络类型。一类是以个体为中心的网络，即个体中心网络（ego - centric network）。这种网络分析关注围绕某些特定行动者的关系密度。另一类网络关注整体网络，即社会中心网络（socio - centric network）。

本研究考察角度是社会中心网络。社会中心网络研究一个整体的网络关联模式。因此，对中心性的研究可以分为点的中心性和网络的中心性两类。在一个特定的网络环境中，前者用中心性来说明个体或群体的位置相对于其他行动者的位置是否为中心，后者用中心性来说明某个群体网络在多大程度上围绕一个特定的点组织起来。不管是点的中心性研究还是网络中心性研究，都包括中心度、中间度和接近度这三个衡量指标，这三个衡量指标分别代表行动者对交流活动、交流控制和独立（或有效）的能力。整体网络关注相对于社会活动的某一特定方面网络的总体特征。如政治关联、亲属义务、朋友或者工作关系等。本研究倾向于使用整体网络观点看待汉语国际教育硕士班级内部的学习者交往学习关系。

(三) 社会网络分析的核心概念和操作程序

本研究使用学习者在交换网络中的"中心性"代表学习者的"固化"身份，分析学习者中心性对其学习绩效的影响，从而解释学习者的交往学习行为对其学习绩效的影响。"中心性"衡量一个行动者在网络中是否处于中心位置，因为网络一般都是围绕关键行动者而组织的。获得中心位置的行动者，一定是在网络中拥有最多联结的行动者。"中心性"概念意味着一名学习者在交换网络中的投入程度（Baldwin等人，1997），可以代表其"交往学习"能力。

中心位置是指个体行动者在一个社会网络中拥有许多与其他成员的联结，处于网络的中心。处于中心位置的行动者的网络角色为网络的核心人物。在社群图中可以看到，较高中心度的行动者比那些处于边缘的行动者拥有许多联结，更活跃、更有声望和更有权力（Freeman，1977）。行动者的中心度表明，较高中心度的学习者能够对其他行动者在资源获取方面予以控制的能力，因为处于中心位置的个体在交换有益资源时能从更多的行动者中选择交换对象（Sproull，1991），因此，中心度位置也被一些研究者认为与很多利益相关，如晋升（Burt，1992）、权力（Brass，1981）和革新（Ibarra，1993）等。对行动者来说，中心位置还是一个丰富的社会心理和社会资源的基础，提供获得高绩效的帮助和社会支持（Ibarra，1993）。网络中心者的言行会对网络中的其他人产生很大的影响，而处于网络边缘位置的"桥"和边缘者则不会对其他人产生明显影响（Bergs，2006）。

"中心性"概念是以Bavelas（1950）为首的科学家于20世纪50年代至60年代在麻省理工学院群体网络实验室经过一系列实验后提出的，实验目的是为了揭示不同的交流结构对交流结果的影响。结果发现，在不同交流结构的群体解决问题行为过程中存在很大的差异。学者们最为关注的是行动者的中心度及其在群体中的影响的关系。例如，Leavitt（1951）的实验证实，在几个不同类型的交流结构中，随着层级的增加，最中心的行动者和最边缘化的行动者的影响差异也会增加。

特征向量中心度（eigenvector centrality）是测量行动者中心性标准化测度，其目的是在网络整体结构的意义上，找到网络中最核心的成员，同时也可以测量出特征向量中心势指数。特征向量的测量方法是因素分析法（Factor Analysis），即寻找各个行动者之间的距离的相关维度，并将每个行动者相应于每个维度上的位置称为一个特征值，一系列的特征值就叫做特征向量。

除特征向量中心度之外，还有三种常用的网络中心性指标：点度中心度（local centrality）、中间中心度（betweenness centrality）和接近中心度（closeness centrality）。其中，点度中心度描述的是行动者的局部中心指数，用于测量网络中的行动者的自身交往学习能力。中间中心度描述一个行动者在多大程度上居于其他两个行动者之间，是一种资源控制能力指数（Freeman，1977）。中间中心度数值高的行动者在网络中的位置犹如一个结构管道，联结其他网络成员。接近中心度与中间中心度正好相反，考察的是某个行动者在多大程度上不受其他行动者的控制的程度。

采用社会网络分析方法进行数据分析，需要进行如下三个阶段的工作：

1. 建立关系矩阵

社会网络分析共有三种关系矩阵：邻接矩阵（adjacency matrix）、发生阵（incidence matrix）和隶属关系矩阵（affiliation matrix）。本研究采用邻接矩阵。建立矩阵有两种方法：

第一种方法，直接输入关系矩阵内容。这种方法就是利用社会网络分析软件所提供的数据输入功能，按照研究者所获得的原始关系数据，将具体数值输入进关系矩阵中。其操作过程类似 Excel 软件的操作，简单而直接。

第二种方法，从其他软件的数据文件直接导入社会网络分析软件，形成关系矩阵。一般社会网络分析软件都提供了从其他软件导入多种格式的数据文件的功能，以支持多种方法建立关系矩阵。目前，.CSV、.TXT、.XLS、.NTF、.DL 和 .NET 等格式的文件都可以直接导入进 NetMiner、Pajek 和 Ucinet 等社会网络分析软件中。本研究由于研究样本相对较小，采用直接输入法。

2. 处理研究数据

本研究采用无限制提名法问卷获得社会网络分析数据。数据处理为本研究定量分析部分的核心工作。本研究中的社会网络分析数据处理工作主要是指测量社会网络交换关系数据。所谓测量是指针对研究群体所建立的关系矩阵，由社会网络分析软件自动计算出社会网络的各项网络指标或参数值。例如，网络的基本属性、中心度等。根据不同目的形成的社会网络分析测量的结果会生成一些数据集合，这些数据集合都可以导出多种格式的数据文件单独存储，作为得出社会网络分析结论的重要依据。

3. 进行相关性分析

本研究分析学习者在工作网络、工具网络、社会资本网络和情感网络中的位置与其"交往学习"能力之间的关系。相关分析考察两个变量之间的密切程度，不区分自变量和因变量。相关性分析是指对两个或多个具备相关性的变量元素进行分析，从而衡量两个变量因素的相关密切程度。相关性的元素之间需要存在一定的联系或者概率才可以进行相关性分析。相关性不等于因果性，也不是简单的个性化。

本研究采用 SPSS 相关性分析考察各因素之间的线性相关关系。SPSS 即社会科学统计程序，是世界著名的统计软件包之一。它不仅适用于社会科学，同样也适用于医学、经济学、心理学等领域。本研究中，由于行动者的"中心性"和"学习绩效"可以看作是两个连续变量，故使用 Pearson 积差计算相关系数。

二、质性研究方法

本研究应用质性研究方法中的半结构化访谈方法和深度访谈方法，作为定量研究方法的补充，收集关于学习者在网络交换中的权力—依赖关系数据。本节综述质性研究方法与定量研究方法的关系以及质性研究中关于访谈方法的现有相关研究。

（一）质性研究中的访谈方法

本研究需要从汉语国际教育硕士的交往学习模式和特点，分析研究生班级"班风"的形成机制。研究首先采取社会网络分析方法量化以班级为单位的学习者"交往学习"能力，以获取"静态"的汉语国际教育硕士交往学习信息。由于"交往学习"是不断变化的过程，还需要深入探讨"交往学习"的动态轨迹，从而完整地呈现汉语国际教育硕士"交往学习"的模式。质性研究中的访谈方法可以达到以上目的。本研究采取了个体深度访谈和焦点群体访谈的方法。研究者在 2015 年 5 月至 8 月间，对两个班级的 23 位学习者进行了焦点群体访谈，并且结合定量的社会网络分析方法产生学习者网络中心性的特征，对 7 位学习者进行了个体深度访谈；录音进行了编码，并根据访谈结果，提取了关于"班风"形成机制的结论。因此，本研究中的质性研究访谈方法是定量研究的社会网络分析方法的有益补充。

(二）质性研究中的系统隐喻分析方法

1. 系统隐喻分析方法的思想基础

系统隐喻分析方法（systemic metaphor analysis）是一种质性研究方法（Schmitt，2005）。这种方法尝试重构思维、语言和行动模型。隐喻是认知语言学的经典研究问题，在知识的创造和传递中起重要作用。有学者（Blumenberg，1985）认为，隐喻在哲学的历史文献中可以发现，即使是在最为抽象的文本中，隐喻模型也决定思维。采取隐喻式研究方法，可以收集学习者社会学习心理方面的研究数据，特别是与缄默知识、情感等问题相关的数据。人类具有知觉、情感、分类、抽象过程和推理等系统性认知能力，所有这些认知能力都和语言紧密相关。当人们使用隐喻，通过其他事物去体验某一事物时，隐喻不仅渗透到语言中，而且渗透到人们的行为和思想中。由于大多数的概念都是通过另一概念去领会和理解的，语言理解总是通过另外一些话语来理解一些话语，因此所有的概念都具有隐喻的属性，而所有的概念体系也都以隐喻为基础。例如用太阳系的结构来解释原子的结构的隐喻等。学习新的事物，必须通过对已知事物的联系才能完成，因此隐喻内容决定了知识内容。

2. 系统隐喻方法的特点

隐喻突出的社会和文化特征能够弥合定量研究和质性研究之间的矛盾（邢清清，2009）。从操作层面上讲，质性研究关注个体及其特性，其严谨性常常受到质疑。定量研究方法逻辑设计精密，但只关注基本的人类行为，忽略具体情境、文化或历史。定量研究方法和质性研究方法都无法调和文化和个体认知之间的关系，而这种关系正是隐喻语言的体现。Moser（2007）在12个即将毕业的大学生中做了关于自我知识的研究，从微观角度揭示了关于自我知识的社会性和文化性概念的互动。其研究假设是，谈论自我和自我图式的不同方面需要使用隐喻。研究结果表明，人们在谈论自我时使用常规隐喻的频率很高，而且这些隐喻大部分来自已经被广泛使用的常规隐喻的源域中的一部分。在对12个人进行的访谈中出现了3 899个隐喻式表达，Moser将这些表达归纳为22个源域。这些常规隐喻的源域或者包含具有物理自然属性的具体经历，如"沿着道路行走""患病"，或者关于从事某种技能的能力；例如使用技术设备，如"开汽车""使用计算机"，等等。这些具体经历成为隐喻式的模型，将个人的具体经历抽象成"自我"的概念。Moser的研究使用了范畴性数据（categorical data）的定量分析，包括建构性频率分析（configuration-frequency-analysis）和对应分析（correspondence analysis）等研究方法。定量分析方法揭示了隐喻使用的一般倾向，隐喻分析的潜能只有在与质性分析相结合的情况下才能充分发掘出来。

　　隐喻方法能够减少质性研究方法的复杂性，为质性研究发展提供新的视角（邢清清，2009）。具体步骤为：确定研究题目，决定研究问题，为之后调查和评价拟定草案；寻找并搜集与研究题目有关的所有隐喻，浏览专业文献，将隐喻概念化，以便从其他学科以及日常生活中寻找研究突破点；研究群体提供隐喻；识别隐喻，解构文本。

　　对于所有的质性研究方法来说，语言既是研究主体，又是研究媒介。因此，质性研究的信息往往浩如烟海，其中包含的有意义的结构也十分复杂。采用隐喻模型描述结果，可以为质性研究提炼出明确的结构模式。例如，在研究学习者的自我概念时，就可以参照隐喻的几种类型进行分类。容器隐喻与自我变化主题相吻合，可以用来考察受试者对待经验的开放性；路径隐喻与自我寻找、自我确信和自我定向相关，类似表达如，"找到自己的路"

"走正确的路""在十字路口""朝着同一个方向前进";战斗隐喻体现了社会自我,与"战斗""失败""胜利"等概念有关的情境总是需要同盟或者敌对方;经济学隐喻只与应然自我相关,反映了个人在社会关系中的互惠性水平,并且以隐喻的形式代表其不同的成本和收益;空间隐喻与现实自我相关,表达了参与者目前在一个隐喻式空间中的方向,代表了形式、目标和他人在这个空间中的地位及其与自我的关系。

本研究在预研究阶段采取了质性研究的系统隐喻研究方法,目的是通过探讨学习群体对个体学习者学习行为和学习绩效的影响,描述并且分析汉语国际教育硕士的交往学习行为。研究首先需要证实研究群体具有"同辈效应"。基于被试群体对"硕士研究生生活"和"汉语作为外语学习"两个概念的隐喻式表达,探讨被试群体的社会学习心理,提取被试群体的概念式隐喻。研究表明,一旦某个人接受了某个"科学共同体"的习惯范式,就会成为这个共同体中的一员。对一个群体来说,只有在对事物具有共同理解的基础上,才能使用相似隐喻。因此,如果学习者出现频率较高的特征性隐喻表达,可以反映其成员具有相似的认知模式,证明"同辈效应"的存在。本研究首先考察 T 大学受试学生中关于"硕士研究生生活"和"汉语作为外语学习"的隐喻式表达,并且加以统计分析。结果表明,"舞台"这一隐喻概念有较高的出现频率,初步的推论是,所考察的群体对英语学习的社会性有着相似的认识。进一步的质性访谈表明,大部分受试学生更强调"丰富""自我展示"的子概念,而成绩优秀的受试学生则增加了"上场下场""成功/不成功的演员"等子概念。该项预研究证明,受试群体对较为抽象的问题具有相似的认同,证明受试群体中存在"同辈效应",这就为后续的研究奠定了基础。

三、社会网络结构和交换网络

本研究从社会网络结构视角看待班级内部的学习者关系。"交往"是作为交往主体的人与人之间的一种行为,是通过中介客体实现的,是主体之间通过占有、改造、消化共同的中介客体而自由地进行态度、情感、知识、信息等方面的交换,以趋向于彼此理解,达成共识的过程。本研究考察汉语国际教育硕士之间基于学习信息、资源进行的分享、沟通、交换等行为。因此,需要一个中介客体分析这些行为。研究采用交换网络作为中介客体概念,描述学习者之间的交往学习关系,并使用社会网络分析的工具,分析不同班级由于学习者的网络中心性不同造成的"班风"差异。

交换网络是本研究的主要操作性概念。由于本研究将研究群体中的 47 位学习者看作是一个学习者基于信息分享和沟通形成的交换网络,有必要首先梳理交换网络在社会学研究中的理论起源以及与现有研究有关的交换网络理论由来、对社会交换理论的主要贡献、二元交换、权力—依赖关系等主要内容。

交换网络是社会学研究中的社会交换理论术语。社会交换理论是美国当代社会学理论的主要流派,兴起于 20 世纪 50 年代后期。社会交换理论是在美国社会矛盾日益激化、功能主义理论局限不断暴露的社会背景下产生的。它试图修正功能主义过于强调宏观、结构、秩序、均衡,从而忽视微观、行动、变迁、冲突的缺陷,把研究的视角重新拉回到微观、行动、变迁以及冲突上。在这种视角转换的过程中,社会交换理论借鉴和吸收了古典政治经济学、人类学、行为心理学及部分社会学传统的思想。例如,Adam Smith 等人所倡导的功利主义思想,James Frazer 从经济动机角度对社会婚姻关系的解释,Malinowski 从心理需求角度对交换过程的分析，Marcel Mauss 和 Levi-Strauss 的交换结构论思想，Skinner 以刺激-反应为基础的行为主义心理学，马克思的冲突理论以及 Simmel 的交换思想，都或多或少地在现代社会交换理论中留下了影响。正是在上述社会背景和思想积淀的基础上，社会交换理论应运而生。

社会交换理论的主要代表人物是 George Hommans、Peter Blau 和 Richard Emerson。1958 年，Hommans 基于心理学观点建立了交换行为主义理论（Exchange Behaviorism）。同年，他发表的《交换的社会行为》（Social Behavior as Exchange）一文，被视为社会交换理论的奠基之作。1962 年，Emerson 基于数理网络分析数据，建立了交换网络理论（Exchange Network Theory）。该理论强调行动者之间的权力-依赖关系，确定了行动者之间关系在社会结构研究中的重要性。1958 年，Blau 出版了《社会生活中的交换与权力》一书，基于经济学观点，建立了交换结构主义（Exchange Structuralism），进一步深化了从宏观社会学角度探讨大型集体社会结构的社会交换理论观点。在个人的层次上，Blau 和 Hommans 都关注相似的过程：人们基于种种理由而彼此相互吸引，这些理由将他们结合在一起建立社会。一旦初步的联系形成，他们各自提供的报酬就能够维持和强化彼此的联系。交换的报酬可以是内含的，或是外加的。前者例如爱、情感等，后者则可能是金钱、体力劳动等。然而，双方参与者的报酬并不总是相互对等的，当交换中存在不对等时，就会产生权力的差异。在个人与群体的层次上，交换结构主义认为，社会互动首先存在于社会团体内。个体之所以被某一团体所吸引，是因为发觉这个团体比其他团体可以给予个体更多的报酬。为了能够被接纳，必须向团体成员提供某些报酬。一旦个体能够给予团体所期待的报酬，他与团体成员间的关系会更加巩固，也会相应地得到来自团体的报酬。

交换网络的研究基于 Emerson 的交换网络理论。交换网络理论对社会交换理论的发展作出了三项创新性贡献。

首先,Emerson 的范式专注于行动者之间的相互作用和关系,而不是行动者的个体属性。这种做法规避了行为主义与功利主义的局限性,从更全面的社会结构的角度考察了社会行动。

其次,交换网络理论强调,资源可用性、权力和依赖三个因素是关系中的主要动力。这使得研究人员除了探讨"形成了哪种关系"的问题,也能够探讨"为什么形成这种关系"的问题。

最后,通过创建二元交换关系理论,Emerson 提供了一种同时从微观和宏观层面看待社会结构的角度。该理论从关系而不是从个体行动者出发,探讨社会结构,因此可以应用于人与人、人与群体、群体与群体之间的关系研究。

一个"交换网络"需要具备如下特征(Cook、Emerson、Gillmore 和 Yamagishi 1983):

(1)一组行动者(自然人或者是企业集团);

(2)这些行动者之间分布着宝贵资源;

(3)网络中的每个行动者都有一系列与其他行动者交换的机会;

(4)一系列具有历史和实用价值的交换机会,即交换关系;

(5)将这些交换关系联结成一个网络结构。

交换网络是一种由两个或者更多的行动者之间相联结的交换关系形成的特定社会结构。在这里,"联结"具体指:如果行动者 A、B 和行动者 A、C 之间存在两种交换关系,并形成了 B—A—C 的网络关系,以至于一个方向上的交换取决于另一个方向上的交换(或者非交换)而变化,这种联结叫做积极联结;也就是说,如果 A 和 B 之间的交换取决于 A 和 C 之间的交换,那么联结就是积极的。当在一个方向上的交换依赖于另一方向上的不交换时,

第四章 汉语国际教育专业硕士人才培养研究的新角度:"班风"

就是消极联结。现实的交换网络中,常常出现混合联结。也就是说,在一个网络中,既存在积极联结,又存在消极联结。也就是说,如果 A-B 和 A-C 这两个关系中有一个共有成员 A,这两个关系就可以形成一个更大的单一结构——B-A-C。但是,如果 A 和 C 交流的话,从 B 到 C 的信息流动是否会经过 A,还需要验证;同样,如果 A 帮助 B,B 帮助 C,那么 C 是否从 A 哪里获得帮助,也需要仔细论证。网络交换研究者应该系统研究网络联结现象,而不是事先作出假设。

第二节 研究程序

一、研究设计

本研究的基本设计如下:以 T 大学汉语国际教育专业硕士学生群体为研究对象,从班级中的学习者关系视角出发,采用社会网络分析方法和质性研究方法,描述并解释一个学习者在"同辈群体"中的交往学习的模式和特点,并从班级的视角分析学习者的交往学习能力与其班级学习绩效、职业认同之间的关系。

研究选取了 T 大学两个班级共 28 名汉语国际教育专业硕士作为代表性小型样本。T 大学是教育部直属、首批"211 工程"高校、"985"优势学科创新平台高校、首批一流学科建设高校,是我国办学历史最悠久、规模最大、开设语种最多的外国语大学。根据该校公开发表的宣传文件,"经过几十年的创业与奋斗、几代人的不懈努力……目前已发展成为一所多语种、多学科、多层次,以培养具有中国情怀、国际视野、高质量、创新型一流外语人才及外语类复合型优秀拔尖人才为目标的国际一流外国语大学"。选取的两个2017级汉语国际教育硕士班共有学生28人。其中，AB班级各14人，B班级"学风良好，成绩优良率接近90%，86%的同学曾获得校级以上奖励与奖学金。同学们积极参加专业实习实践活动，已有9名同学赴海外担任汉语教师志愿者"（T大学网站）。班级获得2015年北京高校红色"1+1"示范活动优秀奖……班级成员累计志愿服务时长超过1500小时，并获得大学"优秀班集体""优秀团支部"等荣誉称号。2018年5月到8月间，T大学汉语国际教育专业硕士2017级两个班级的28名学生（n=28；7名男性，21名女性）都被邀请参加这项研究，受试平均年龄为22.4岁。访谈于2018年9月进行。男性参与者的比例较低（25%），与汉语国际教育专业硕士的性别分布相对应，反映了女性在教师领域，特别是在汉语国际教育专业硕士的主导地位。

本研究的定量研究部分采取了问卷法收集数据。问卷法的以下特点适合于本研究进行数据采集：首先，问卷调查的结果比课堂观察和访谈更为全面。学生知觉到的课堂环境是基于学生对很多次课堂上的经历作出的判断，而课堂观察只能对有限的少数课堂进行评价。学生问卷测量到的是全部学生对课堂的感受，而课堂观察则是由研究者独自进行的，是有限的研究。其次，问卷调查的结果比观察和访谈更为客观。本研究的研究者作为教师，如果只依靠课堂观察和访谈的数据，难以从学习者角度客观地掌握学生行为，所以由学生回答的问卷是测量学习者交往学习关系的最具优势的方法。

本研究的问卷设计参考了国内外关于课堂环境的理论和实证研究结论（Walberg和Anderson，1968）。问卷从结构维度和情感维度两方面考察"班风"。结构维度是指学生在班级内的角色组织、角色期待及共同的行为规范和约束机制；情感维度指个体的人格需要的独特满足方式,如学习者在班级内部进行交往学习过程中形成的满足感,亲密性和摩擦,等等。问卷的核心部分依据"提名法",要求被试列举出所有与该问题相关的同学。问卷在研究者的课堂上发放给两个班级的28位学习者,全部回收,均为有效问卷。

二、进行预研究

在初步形成研究问题以后,本研究需要首先证实产生交往学习行为的学习群体对个体学习者存在影响,即"同辈效应"。其次,本研究需要证实交往学习行为在汉语国际教育硕士中普遍存在,因此,研究学习者交往学习行为与学习绩效之间的关系,具有重要意义。为了证实本研究选取的研究对象存在学习者相互影响的"同辈效应",研究者采取了系统隐喻分析方法,通过分析研究群体关于"汉语国际教育硕士学习生活"概念描写的隐喻文本,证明具有相似身份的群体成员之间存在"同辈效应"。预研究结果证明,在一个关系群体中的学习者,对于"汉语作为外语的学习"这一抽象概念的理解包含了对于其他学习者的关注和意识。这表明,该研究群体中存在"同辈效应",学习者的学习行为不是相互孤立的,而是具有交互性特征。研究该群体内成员之间的交换网络关系,符合本研究的基本目的。

为了确定本研究的普遍意义以及选取研究群体的合理性,研究者于2015年5月就学习伙伴关系对学习绩效的影响问题在本研究选取的大学的不同专业、不同年级的专业硕士研究生中进行了随机问卷调查。该调查发放问卷125份,收回问卷119份。其中,有效问卷110份,无效问卷9份。调查有如下三个发现:

第一,大量的(63%)受调查对象认为,自己经常通过与他人交往进行学习;

第二,最重要的学习关系是同班、同专业的同学(52.2%);

第三,大学中同学之间的学习关系会对自己的学习绩效有影响(73.8%)。

问卷调查的结果表明,对学习者之间根据稀缺学习资源分布和交换方式形成的交换网络关系进行分析,是一项具有普遍意义的研究。

三、正式研究步骤

(1) 定义研究问题及研究焦点。

通过对研究群体的观察和预研究,结合相关文献,将研究问题聚焦为汉语国际专业硕士的交换网络关系及其学习绩效关系分析。

(2) 选取研究对象,进入现场。

本研究的研究对象是T大学2017级汉语国际教育专业硕士学生群体,共28人(名单为1~28号),分为两个班级,每个班级14人。

(3) 确定研究假设。

①班级的交往学习结构影响班级的整体交往学习能力(H1)。

②班级整体交往学习能力与其学习绩效之间存在相关性(H2)。

(4) 设计问卷,进行测试。

设计关于汉语国际教育硕士交往学习关系的问卷。问卷分为两部分。第一部分采用量表式设计,考察学习者关于其学习绩效和学习者交换网络关系的自我认知。第二部分采用提名法,将28名学习者的姓名按音序排序,从日常学习习惯、获取资源资源方式、信息传播方式和情感支持四个方面考察个体学习者的交换网络关系。问卷于2018年5月在两个班级的28名学习者中发放,全部回收。28份问卷全部为有效问卷。

（5）选择研究工具。

本研究的统计工具是 Ucinet 6 for windows（Version 6.315）和 NetMiner v4.0.1.c.110928。

Ucinet 是免费的社会网络结构分析软件，直接从 www.analytictech.com/ucinet 下载。无功能限制，两个月免费试用。运行环境：win7 32bit Ultimate。

NetMiner 试用版可以对100个节点以下的网络进行分析，免费使用一个月，直接从 http://netminer.com/index.php 下载。运行环境：Win 7 32 bit Ultimate。

此外，本研究还应用了 SPSS Statistics 17.0 简体中文版。运行环境：Win 7 32 bit Ultimate。

（6）收集关系数据，建立关系矩阵。

本研究收集的是学习者在交换网络中进行有价资源交换的关系数据，通过人工编码获得。这些数据经过整理后，按照规定格式形成关系矩阵，以备数据处理时使用。这个步骤也是社会网络分析的重要的基础性工作。本研究中主要使用的是赋值邻接矩阵。

（7）定量数据处理与分析。

①数据处理。分析研究对象的整体社会网络结构，通过密度、点出度、点入度、中心性等方面的数据分析社会网络结构；分析研究对象的社会网络的内部子结构，通过二元交换、三元交换、小团体等分析内部子结构。

②研究者于2018年3月获取了本研究所有学习者的学分积数据，之后进行相关性分析，从而得出班级的整体交往学习能力与其学习绩效的相关性。根据社会网络分析方法得出的可视化的图或数据表，通过描述和分析，得出本研究定量分析部分的结论。

（8）质性研究数据整理与分析。

基于定量分析的结果，选取学习者交换网络中有特征性的学习者进行访谈。改为访谈于2018年9月进行，共访谈了12位学习者。文中作为个案呈现的有5位。访谈方式为对小团体进行的焦点群体访谈和对二人组、个体学习者进行的半结构化访谈和深度访谈。

（9）整理、解释分析结果，撰写研究报告。

回到最初的研究问题及研究焦点，以翔实的数据验证研究假设，从而得出结论。

本研究设计了两种保证信度的措施。第一种措施是预研究。在问卷的设计过程中和半结构化访谈的设计中均采取了此种方式。第二种措施是历时信度。即采取不同时期的数据，采用同一种方法加以分析，以考察汉语国际教育专业硕士学习者的交往学习行为。

本研究采取了系统的隐喻分析方法、社会网络分析方法、SPSS分析方法、质性访谈方法等四种主要的研究方法进行数据分析。各种方法得到的研究结果，形成了一个证据链，因此可以实现"三角互证"，保证了研究的效度（Denzin和Lincoln，2005）。

第三节　研究发现

从交往学习的整体模式和四种不同类型出发，使用社会网络分析方法的"网络中心性"概念，测量T大学汉语国际教育专业两个班级的28位学习者在交换网络中的位置，即班级交往学习结构，并探讨班级交往学习结构与其"班风"之间的关系。本节首先展示根据实证数据获得的学习者交换网络的整体结构，以及四种不同的交换网络模式；之后阐述"中心性"概念，并且在四种不同交往学习类型中,通过对四种中心性指标,即特征向量中心度、点度中心度、中间中心度和接近中心度的测量结果表述,比较两个班级的交往学习能力。"班风"形成结构如图4-3所示。

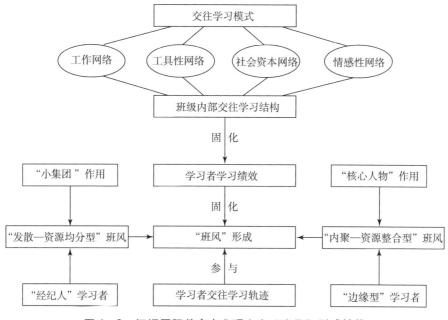

图4-3 汉语国际教育专业硕士班"班风"形成结构

本研究采取社会网络分析方法研究两个班级28名汉语国际教育硕士的交往学习模式。根据社会网络分析理论,结构是社会行动者之间实际存在或者潜在的关系模式(Wellman 和 Berkowitz, 1988;Berkowitz, 1983;Scott, 1991)。理解社会网络的整体结构模式对社会网络的分析十分重要(刘军,2009)。本研究根据交往学习的问卷调查获得实证数据。每个点代表一名学习者,学习者之间的交往学习关系用连线表示。从节点的多少,可以看出学习者的网络中心性。中心性越大的学习者,其代表节点也越多;反之,中心性小的学习者,其代表节点越少。两名学习者之间的交往学习距离可以根据两个节点之间的连线表示。两个节点之间的连线越短，证明两名学习者之间的交往学习关系越紧密；反之，两个节点之间的连线越长，证明两名学习者之间的交往学习关系越疏远。

在学习者基于交往学习行为产生的社会交换网络中，由于交往学习能力的差异，不同的学习者形成了不同的结构性位置关系，并形成在班级中的不同位置和角色。在社会网络分析中，"位置"指那些同等地处于关系网络中的个体形成的集合体，而"角色"是指两个行动者或者两个位置之间存在的关系模式。"网络位置"是指网络中行动者相对于其他行动者的结构性位置。在本研究中，要测量学习者的交往学习能力，必须引入量化工具。网络中心性指标可以量化学习者的交往学习能力。其基本假设是，交往学习能力越强的学习者，在学习网络中的中心性越高。

一、学习者网络中心性：四种指标

"中心性"是社会网络分析的重点概念。中心性测量个人或者组织在社会网络中具有怎样的权力，或者说居于怎样的中心地位。因为网络一般都是围绕关键行动者而组织的，获得中心位置的行动者，一定是在网络中拥有最多联结的行动者。中心性测量行动者获取资源的能力、控制其他行动者的能力以及不被其他行动者控制的能力。位于网络中心的行动者就是社会学中最有社会地位和最有权力的人。因此，网络中的中心位置也被作为测量声望和权力的指针（Wasserman 和 Faust，1994）。在一个学习群体中，各个成员由于进行交往学习行为的频率和程度不同，参与的主动性不同，即交往学习能力存在差异，会在交换网络结构中处于不同的位置。居于网络中心可使学习者拥有大量的联结，这不仅使其具有更多获取知识的机会，还有助于提高其吸收能力。

"中心度"是测量行动者在的网络中心性的指标。中心度反映了节点在网络中的权力地位及影响分布。中心度越高的节点越处于核心地位，行动者能够有效控制及影响网络中其他行动者之间的活动；相反，中心度越低的节点越处于边缘地位，行动者越少参与互动交流，对其他行动者的影响很小。

常用的中心度有点度中心度与中间中心度两种，前者刻画的是一个行动者与其他行动者发生关联的能力，后者描述一个行动者控制网络中其他行动者的能力。

点度中心度即与某节点直接相连的其他节点总数。有向网络的点度中心度又分为点入度（In-Degree）与点出度（Out-Degree），前者指直接指向该节点的其他节点的总数，后者指该节点所直接指向的其他节点的总数。点入度表征了该节点被其他节点关注的程度，是衡量"意见领袖"的指标，而点出度则说明了该节点在网络中的活跃程度。在本研究中，分析学习者之间的交换网络关系形成的邻接矩阵时，点入度就是某个学习者获得来自其他学习者的提名次数，而点出度是某个学习者提名其他学习者的次数。

本研究使用四种中心度（centrality）指标来测量学习者的网络中心性。即特征向量中心度（eigenvector centrality）、点度中心度（degree centralization）、中间中心度（betweenness Centrality）和接近中心度（closeness centrality）。网络中心性是对学习者在交换网络中进行交往学习的交往学习能力量化指标。

特征向量中心度是在网络总体结构的基础上找到最居于核心的行动者，而不关注"局部"的模式结构。

点度中心度刻画行动者的局部中心指数，测量网络中行动者自身的交易能力，不考虑到能否控制他人，其中点出度表示的是他对别人的响应，点入度表示别人对他的响应。

中间中心度研究一个行动者在多大程度上居于其他两个行动者之间，是一种"控制能力"指数。

接近中心度考虑的是行动者在多大程度上不受其他行动者的控制，出度接近中心度表示的是不受自己响应的人的控制程度，入度接近中心度则表示不受响应自己的人的控制程度。

本研究采用特征向量中心度作为测量学习者网络中心性，即学习者交往学习能力的指标之一。测量特征向量中心度的目的是在网络整体结构上，寻找哪些行动者是网络最核心的成员。这种方法使用"因子分析"找出各个行动者之间的距离有哪些"维度"。每个行动者相应于一个维度上的位置就叫作一个特征值（Eigenvalue），一系列这样的特征值就叫作特征向量。本研究的特征向量计算方法是：首先将赋值矩阵通过 Ucinet 的数据转换功能进行二值化和对称处理，得到新的数据矩阵，再通过 Ucinet 软件 Network – Centrality and Power – Eigenvector，选择 Fast – for large matrices，即得到四种不同学习者交换网络中各行动者的特征向量中心度。

点度中心度是测量学习者在交换网络中的位置的一个主要量度。"点度中心度"的概念来源于社会计量学的"明星"概念。如果某点是处在一系列关系的"核心"位置的点，该点与其他点有众多的直接联系，则该点具有最高的度数，居于中心。在与他人"关联紧密"的意义上，该点所对应的行动者也是中心人物，因而拥有最大的权力。一个行动者的点出度表示为该行动者在网络中接触别人的能力，此时中心性衡量的是一个行动者在社会网络中寻求互动的程度，因此代表了行动者个体的中心性。一个行动者的点入度表示为社会网络中其他行动者搜寻该行动者建立的连接度，即行动者个体的声望，这个指标表明行动者大多是通信的对象而不是通信的发起者（Knoke 和 Burt，1983）。行动者的高点出度意味着该行动者对与之相联结的行动者具有较强影响。一个行动者的高点入度意味着网络中有许多行动者选择与其互动，说明该行动者具有很高声望（Russo 和 Koesten，2005）。总之，一个具有高度中心度的行动者，表明他在网络中拥有许多直接的联系，扮演了网络中的重要角色，是网络中的明星。在网络中越处于中心位置的行动者，就越可能成为网络中的"经纪人"（Brokers）或"桥"（Bridges），而由此可能掌握网络中每个控制资源进入和流通的通路；而一个具有低中心度的行动者一般位于网络的边缘，在关系形成的过程中是不活跃的（Wasserman 和 Faust，1994b），因此成为"经纪人"的可能性不大。

节点类型共有四类：

（1）孤立节点（Isolate），既无点入度也无点出度的节点；

（2）发送节点（Transmitter），只有点出度的节点；

（3）接收节点（Receiver），只有点入度的节点；

（4）传递节点（Ordinary 或 Carriers），既有点入度也有点出度的节点（Wasserman 和 Faust，1994）。

在本研究中，接收节点是指该节点对应的学习者没有提名其他学习者，但被他人提名。发送节点是指该节点对应的行动者提名其他学习者，但没有被他人提名。

中间中心度指某节点与其他各节点之间相隔的远近程度，表示该节点在多大程度上是其他节点的"中介"，这样的节点具有"经纪人"或"守门人"的作用。中间中心度表征着某个节点对网络中资源控制的程度，某节点中间中心度越高，说明该节点越多地占据操纵资讯资源流通的关键性位置。如果一个行动者处于许多交互行为的路径上，可以认为他居于重要地位，因为处于这种位置的个人可以通过控制或者曲解信息的传递而影响群体，而该行动者本身起到沟通各个他者的桥梁作用。对赋值矩阵就行二值化和对称化处理后，通过 Ucinet 的 Network – Centrality and Power – Freeman Betweenness – Node Betweenness，得到 47 名学习者在四种交换网络中的中间中心度。

接近中心度的概念基础是距离。如果一个行动者跟网络中其他人都很接近，都能直接到达，那么这个行动者就不必依赖任何人。接近度测量独立性和效率。在不相连的网络中，必须计算每个行动者的接近中心度。同其他人相比，与网络中多数人更为接近的行动者具有较高的接近中心度。他们能够在网络中快速地传播或者输送资源或者协调任务。从时间和成本效率的角度来衡量，是考察一个点到其他所有点的最短路径长度总和。度数越小，说明该点比其他点能更快地到达网络中的所有点，意味着更少的信息中转，更少的时间，更低的成本。接近中心度关注的是一个行动者与网络中所有其他行动者的接近性程度。如果一个点与网络中其他点的距离都很短，则称该点是整体中心点。

对赋值矩阵就行二值化和对称化处理后，通过 Ucinet 的 Network – Centrality and Power – Multiple Measures，选择 Directed、Normalized，单独计算 ARD（Average Reciprocity Distance，ARD），得到 47 名学习者在交换网络中的接近中心度。其中，内接近性可以表示学习者与他人之间的接近性程度，用来衡量接近中心度。

二、交往学习模式体现的"班风"

结构洞（Structural Hole）理论由社会网络分析学者博特（1992）提出。结构洞即社会网络中的某个或某些个体和有些个体发生直接联系，但与其他个体不发生直接联系或关系间断的现象，从网络整体上看，好像网络结构中出现了洞穴。博特称这种关系稠密地带之间的稀疏地段为结构洞，并将填补结构洞的行为称为搭桥。结构洞只有在有第三者的情况下，才能形成关系的传递性。例如在 A – B – C 网络中，如果 AB 之间有关系，BC 之间有关系，而 AC 之间没关系，则 AC 是一个结构洞。AC 如果要发生联系，必须通过 B。格拉诺维特认为，B 与 A、C 的联系必然是弱关系，但

B 与 A、C 的关系可能强，也可能弱，这并不重要，重要的是假如 A、B、C 处于资源竞争状态，AC 结构洞的存在就为 B 提供了比较优势。如果结构洞存在，第三方就能将关系断裂的另外两方连接起来，他就可能因此而拥有两种优势：信息优势和控制优势。

按照社会网络的视角，一些个体独立学习时的效果可能比他们合作学习时好，是因为他们占据了比其他人更好的社会网络结构中的有利位置。通常，有关组织社会学的社会网络研究结论为：一些网络位置可以显著影响个体和组织的成果，因为社会互动的结构将提升或强迫个体接近一些有价值的资源，如任务建议、信息策略、社会支持等（Brass，1981）。当一个个体能够决定他与谁通信并能够调动其社会资本时，由于成千上万的直接或间接的网络连接，可能使他无法有意识地到网络活动中去决定他自己所在的网络位置，因此，许多研究者也发现，在社会网络中的行动者为了寻求最优的网络位置，已经拥有了许多针对个体的策略，即如何在一个正确的位置上的策略（Brass，1981）。

本研究基于问卷调查的实证数据，采用社会网络分析方法进行数据分析，得出了四种类型的学习者交往学习模式，即工作型交往学习、工具型交往学习、社会资本型交往学习和情感型交往学习。这四种模式的分类依据是问卷调查的两个维度：结构维度和情感维度。

结构维度体现的是班级内部学习者的角色分布情况。由于这种维度是本研究考察的重点，因此又进一步分为工作网络、工具网络和社会资本网络。分别侧重考察班级内部的学习子群体的构成，是否存在核心人物；在遇到困难时，向哪些人求助，即是否存在"专家型"学习者；哪些学习者的交往学习行为最为频繁，即是否存在"经纪人"型学习者。本节比较两个班级在四类交往学习中体现的整体交往学习能力。"班风"结构模式如图 4-4 所示。

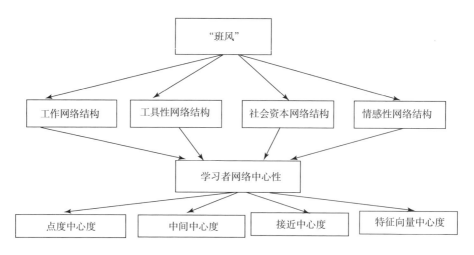

图 4-4 汉语国际教育专业硕士"班风"结构模式

（一）四种交往学习模式体现的学习者交往学习关系

工作型交往学习体现工作组合型数据，即学习者对合作学习伙伴的选择，包括：课上、课下需要进行合作学习时选择学习伙伴的偏好；课堂上选择同桌学习者的偏好；课下自习时选择同伴的偏好等等。通过工作型交往学习关系，可以看出两个班级的学习者的学习习惯。工具型交往学习体现学习过程中遇到困难时，学习者求助对象的选择偏好，即学习者为彼此提供的工具性支持。社会资本型交往学习测量学习过程中拥有最多学习型资源即有价资源，以及愿意与他人分享学习资源的学习者。情感型交往学习重点分析情感网络测量学习过程中学习者的朋友关系与学习关系的重叠，即情感性资源。

在结构洞指标中，"网络有效大小"等于该行动者网络中的非冗余因素，也即是某个行动者的有效规模等于该行动者的个体网络规模减去网络的冗余度。行动者的个体网络规模实际上就是其邻域中所包含的行动者的数量，冗余度等于该行动者所在的个体网络成员中其他行动者的平均度数（与该行动者相连的线不计算在内）。效率等于该行动者的有效规模与实际规模之比。换句话说，也就是行动者与邻点非冗余关系的比例。个体网络的有效规模可以测算个体的整体影响力，而效率则可以测算该行动者对关系网络中的每个行动者的影响程度。没有效率的行动者可以有有效规模；同样，没有有效规模的行动者也可以是有效率的。

"约束性"指的是该行动者在自己的网络中拥有的利用结构洞的能力，以行动者对其他行动者的依赖值为评价标准，数值越大，约束性越强；数值越小，行动者越能跨越结构洞接触非冗余信息源。跨越较多结构洞的行动者较之跨越较少结构洞的行动者能更多地接触到非冗余信息源，易于积累更多的社会资本。如果个体的所有可能的交易对象在邻域内都存在备份，那么个体就很容易受约束；反之，如果个体的交易对象在邻域范围内不存在备份，行动者则不容易受约束。实际上，与其他行动者有很多关系的行动者很容易失去行动自由，受关系限制。博特认为，"等级度"指的是约束性在多大程度上集中于某一个行动者身上。如果邻域中对行动者的所有约束性都集中于网络中的某一个行动者，则等级度指数就很大。如果邻域中每个行动者的约束性相当，则等级度指数就很小。

（二）四种网络的相关性分析

通过相关性分析可知，工具性网络和社会资本网络具有比较高的正相关性，即具有相同的变化趋势。根据 Kendall'sratio 相关系数的分析结果表明，研究群体的工具性网络和社会资本网络在 0.05 水平上显著相关，相关系数为 0.660；Spearman'sratio 相关系数的分析结果表明，研究群体的工具性网络和社会资本网络在 0.05 水平上显著相关，相关系数为 0.843。因此，可以得出结论，即在工具性网络排序靠前的学习者,在社会资本网络中的排名也相对比较靠前。如表4-1所示。

表4-1 四种交换网络相关性分析

评定等级	网络类型	相关系数	工作网络	工具性网络	社会资本网络	情感网络
Kendall's ratio	工作网络	Correlation Coefficient	1	0.111	0.111	-0.124
		Sig. (2-tailed)	—	0.52	0.52	0.472
		N	18	18	18	18
	工具性网络	Correlation Coefficient	0.111	1	0.660	-0.072
		Sig. (2-tailed)	0.52	—	0	0.677
		N	18	18	18	18
	社会资本网络	Correlation Coefficient	0.111	0.660	1	0.007
		Sig. (2-tailed)	0.52	0	—	0.97
		N	18	18	18	18
	情感网络	Correlation Coefficient	-0.124	-0.072	0.007	1
		Sig. (2-tailed)	0.472	0.677	0.97	—
		N	18	18	18	18
Spearman's ratio	工作网络	Correlation Coefficient	1	0.17	0.127	-0.16
		Sig. (2-tailed)	—	0.499	0.616	0.526
		N	18	18	18	18
	工具性网络	Correlation Coefficient	0.17	1	0.843	-0.125
		Sig. (2-tailed)	0.499	—	0	0.622
		N	18	18	18	18
	社会资本网络	Correlation Coefficient	0.127	0.843	1	0.03
		Sig. (2-tailed)	0.616	0	—	0.906
		N	18	18	18	18
	情感网络	Correlation Coefficient	-0.16	-0.125	0.03	1
		Sig. (2-tailed)	0.526	0.622	0.906	—
		N	18	18	18	18

第四节　汉语国际教育专业硕士"班风"

通过"班风"研究汉语国际教育专业硕士在学期间形成的"职业认同",本研究尚属首例。将"班风"这一体现"一组价值观,行为和关系"的概念与"职业认同"相关联,也属于首例。这一研究假设来自如下两个基础:第一个基础是,本研究认为中国大学的班级是一种特殊的"实践共同体",学生个体会受到在这一实践共同体中其他个体行为和价值观的影响;第二,班级的"班风",即某种特定的价值观会影响学习者个体的行为乃至对专业的认可度,在这里称为专业硕士的"职业认同"。在以上两个前提下,本研究通过对个体交往学习能力的测量提炼出不同班级的"班风"及其不同的"职业认同度"。

本研究是关于汉语国际硕士研究生班级的"班风"的实证研究。"班风"是指班级里大部分学习者遵循的整体学习行为方式。本研究基于社会学习理论,运用社会网络分析方法,分析了汉语国际硕士学习者在交往学习过程中形成的"班风"。研究认为,汉语国际教育硕士班级中的学习者通过交往学习构成"实践共同体"。学习者在其中的学习分为"固化"和"参与"两种方式。本研究使用"固化"概念,分析学习者之间的分化程度;使用"参与"概念,分析学习者之间的联系程度。"固化"分析学习者在学习网络中的位置与其学习绩效之间的相关性;"参与"分析学习者交往学习轨迹。交往学习与"班风"之间关系如图4-5所示。

一、内聚—资源整合型"班风"

本研究认为,在由两个班级的28名学习者组成的学习群体中,A班(1~14号)学习者的整体交往学习能力,低于B班(15~28

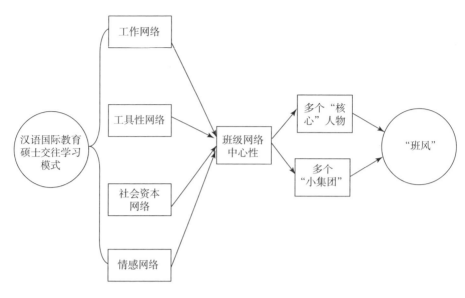

图 4-5 交往学习与"班风"之间关系图

号)学习者的整体交往学习能力。B 班(15~28 号)学习者由于其班级"核心"学习者的作用,构成了"内聚-资源整合型班风"。B 班学习者具有更强的班级凝聚力,成员普遍具有向心力,能够较好地发挥班级作为学习者集体的教育功能。B 班学习者构成的学习群体中,"核心"学习者,即"内向性参与"的学习者较多。

B 班(25~47 号)学习者构成的学习群体中,"核心"学习者,即"内向性参与"的学习者较多。

"内向性成员"是指在实践共同体中以学习者的身份参与,并且能够通过参与轨迹成为群体的充分参与者的学习者。即使这些学习者的身份目前是周边性的,但是,这些学习者能够比较顺利地进入到群体中与他人交流,未来可能变成充分参与者。根据"实践共同体"理论,这是一种"合法的周边参与"过程。学徒接受并且与资深成员互动使得他们的活动"合法"。合法性指一种归属和成为成员的方式。"周边性"是变化的,通过成员参与程度加深,使其接触到更多的资源。

(一)"内向性"学习轨迹的核心学习者

19号学习者是网络核心度比较高的核心型学习者之一,其学分绩在28名学习者中位列第四。

19号学习者在学习群体中的充分参与是通过对学习资源的多重占有实现的。她在课堂上总是坐在第一排,并且积极回答教师提出的问题。在参加合作式学习活动时,19号学习者因为其活泼开朗的个性,不怕丢脸的勇气,受到其他学习者的欢迎。她所在的小组,总是气氛活跃。对于自己学习的特点,19号学习者是这样自我评价英语学习的:

> 我的英语基础不好,所以我要特别努力才行。刚刚入学的时候,我们班同学的口语都比我好。我就想,什么时候发音能像Z(舍友)一样就好了。因为她也是跟我一个省的,她的发音就比我好。我经常在宿舍里读英语,大家听到我发的那个音就会笑,后来慢慢地我就能发好这个音了。

入学初期,19号学习者对自己的学习基础,自己在学习群体中的学习者角色有很清楚的认识,但她没有因为英语基础不好而降低自己的身份。她充分地利用了舍友、教师等学习资源,纠正自己的发音。由于19号学习者自我期待值很高,有很强的内在学习动机,因此,她能够主动利用各种学习资源提高自己的学习水平。

Borgatti和Cross(2003)等学者认为,学习者知道与谁交流沟通跟网络中的个体交换的资源类型一样重要。如果想提高共同体的结合度,提高对他人的认识,以及对他人能为共同体贡献什么的认识,都很重要。但是,也有学者指出(Ibarra、Kilduff和Tsai,2005),行动者个体对网络的认识可能不够准确,而是基于理解的基础之上。网络就像一面棱镜,可以影响到个体行动者对其从属的网络的认识。

(二)"意见领袖"——核心学习者

B班的另外一位核心成员是26号学习者。根据前面关于结构洞的分析可以得知,26号学习者是掌握结构洞数目最多的人,在学习群体中可以充当"意见领袖"。在前期的访谈中,26号学习者也被很多其他学习者提名作为学习群体中的"核心"人物。但是,根据研究者的观察,26号学习者在课堂上的表现并不十分活跃,那么,她的核心作用,是通过何种方式体现呢?通过进一步的深度访谈发现,26号学习者的"意见领袖"作用,是通过与其他学习者的"链式"学习关系实现的。

26号学习者是一个沉静、内向、独立的女孩子。在28位学习者中,其学分绩排名第一。在对她的访谈中,她提到的19号学习者是其关系最为密切的"学伴"。

我们不在一起上自习,但是我会把自己看的书推荐给她。我们也会一起对笔记……我一般自己上自习。我习惯把每天要做的事情作出计划,因为我要做家教,跟其他同学的时间也不一定对得上……遇到了比较郁闷的事情,我会找她(19号学习者)说说,但我们一般不坐在一起。她比我活跃多了。

由此可知,26号学习者的声望,是通过影响其他核心人物实现的。由于自身性格的原因,19号学习者能够为26号学习者提供情感支持,因此26号学习者与19号学习者接触较多。两人在学习上的资源共享,加上19号学习者在群体中的"明星"地位,就形成了一个凝聚力较强的"班风"雏形。"核心"学习者的"链式"传递如图4-6所示。

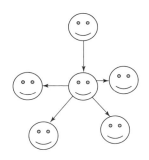

图4-6 "核心"学习者的"链式"传递

"核心"学习者是交换网络中的充分参与者,班级其他学习者围绕着他们分享学习资源,形成一个资源整合群体。他们对内聚—资源整合型"班风"的形成,具有很大的推动作用。已有研究证实,学习者的社会关系和社会网络影响一系列的学习者学习效果(Thomas,1998)。"核心"学习者在交流网络中拥有较高的学术满意度和社交满意度,他们有更为强烈的继续学习的意愿,也有更高的学习持久度。个体学习者熟悉其他学习者的个数越多,他们的学习成绩就越好,学习持久度也越高。同样,学习者的结构位置也与其学习成绩和学习持久度相关。在学习群体中的参与可以为学习者提供很多的社会资源。在汉语国际教育硕士网络内部,学生的社会资本包括信息、想法、支持和合作、影响和对职业生涯的建议等资源(Fombrun,1982)。这些资源可以分为工具性价值(例如信息),情感性价值(个人支持)等不同方面,每一种资源都可以在网络的个体之间交换。

二、发散—资源均分型"班风"

发散—资源均分型"班风"缺乏"核心"学习者,在班级中以"小集团"为主,形成多发式学习群体,学习资源在"小集团"内部传播,相对独立于其他学习子群体。当班级缺少"核心"人物的时候,舍友等"小集团"形成的可能性很大,并且这些"小集团"

对个体学习者的行为的影响要大于整个班级的影响。例如，在 A 班里可以观察到的现象是，同宿舍的两个同学或者三个同学整天形影不离，同吃、同住、同学习，彼此的影响力远远大于其他同学对他们的影响。下面以 13、14 号学习者举例说明，"小集团"或者"学伴"对个体学习者的学习行为和学习效果都会产生巨大影响。

（一）"小集团"的个案：二元交换

根据四个网络的特征向量核心度排序可知，13、14 号学习者均不属于交换网络中的"核心"人物。但是根据学分绩最终统计排序，两人在研究群体的 47 人中分别排名第 2、第 3，属于优秀学习者。以下是根据两人半结构化访谈和深度访谈整理出来的结果。

24 号学习者的学习绩效一直名列前茅。她本科毕业于东北一所著名的师范大学，其研究生入学成绩在两个年级的 27 名学生中位居第一。她出身于知识分子家庭，父母分别为公务员和大学教授。她的理想是研究生毕业后成为一名公务员。23 号学习者的入学成绩在全年级 27 名学生中位居第 22 名。她来自山西一所国内知名的省属外国语高校，父母做生意。她对未来没有特别的规划。

24 号学习者和 23 号学习者在生活中和课堂上的关系都比较紧密。她们是同一间宿舍的舍友，24 号学习者在 23 号学习者的上铺。两人只要选一门课，绝大部分情况都坐在一起。在本研究关注的四种类型的交换网络中，除了情感网络，两人在工作网络、工具网络、社会资本网络的互选率都很高。情感方面，24 号学习者有男友，23 号学习者没有男友。在分选不同的课程时，两人都出现了不同程度的"不适应"。但两人生活学习习惯差异较大。例如，24 号学习者生活作息固定，习惯课前预习，而 23 号学习者作息不固定，经常熬夜；24 号学习者从不睡午觉，而 23 号习惯睡午觉，等等。24 号学习者和 23 号学习者的合作始于大一的一门语言基础课考试。该课程考试要求两名同学的合作，完成一份作业。其中包括视频剪辑、文本撰写和共同展示。从这一门课开始，两人逐渐由原来分别与同宿舍其他两名同学合作，变为两人合作。后来合作关系越来越紧密，"磨合得越来越好"，如同"咖啡和牛奶一样协调"。在之后的学习中，两人形成了十分稳定的"二人组"。

  24号学习者和23号学习者的合作主要分为日常学习和期末复习两种类型。日常学习中，两个人坐在一起的主要目的是能随时分享课堂笔记的内容。在面临比较复杂的课堂记录时，两人会随时讨论难点，并在课下整合笔记。以专业基础课二语习得理论为例，由于该门课程对课堂笔记的要求较高，学生往往会因为记笔记而影响对知识点的领悟，所以，两人采取了合作方式共同记录知识点，并在每次下课后立即共同整理知识点，将两人能够达成一致的知识点确定下来，将两人都不能解决的或是有异议的知识难点遴选出来，之后请教其他同学或者教师。期末复习中，两人也采取合作学习的形式。对于记忆性的学习任务，两人倾向于一分为二，即先分别复习，再共同整理知识点的方式。即二人先分别"领取"不同的章节，之后各自整理归纳重点难点并进行沟通。之后分别复习，约定时间互相进行口试。或者是两人共同识记某一章的知识点。两人的舍友关系无疑为她们的交流提供了便利。一个典型的合作学习的场景是：两人分别坐在自己的床上，翻开要复习的某一本教材的某一章、某一节，同时记忆其中的知识点，并约定好一定时间，之后互相测试。

  24号学习者和23号学习者两人对合作学习的效果均表示高度认可。对于23号学习者来说，24号学习者的存在对其更像是"搭档关系"。她认为，自己的主要缺点在于懒惰，无法自主解决问题，而较为强势的24号学习者常常会为其出主意，并且决定两个人学习的时间表。24号学习者则认为，两人学习基础相近，成绩较好。两人结伴的好处是"有人约束""效率高",利于建立坦诚的同学关系。

  本研究对上述二元交换的分析采用 Emmerson 的权力-依赖理论视角。二元交换(二元组)由一对行动者及他们之间可能的联系构成。二元交换的相关分析注重对行动者之间联系的属性的考察。例如两者之间的交换是否具有互惠性,是否存在不同类型的交换等。Emerson 从一开始就将权力作为行动者之间的依赖的函数进行分析。之后,他一直使用这种抽象的形式定义交换关系中的权力(Emerson,1972)。在两个行动者 A 和 B 组成的交换关系中,A 对 B 的权力影响增长,$A_x:B_y$ 交换关系中(x 和 y 代表价值资源),如果交换双方 A、B 能互相提供 x、y 给对方,则 A 对 B 的权力与 B 依赖 A 所提供的 x 相等,B 对 A 的权力与 A 对 B 提供的 y 的依赖度相等;如果 A、B 对对方的依赖程度相同,那么交换关系是平衡的。权力与依赖度直接相关。B 对 A 的依赖越强,A 对 B 的权力就越大(Emerson,1962),即 $P_{AB} = D_{BA}$。Emmerson 的均衡原则是,当 $P_{AB} = D_{BA}$ 的时候,交换关系是均衡的。山岸俊男和库克(Yamagishi 和 Cook,1992)也用"等依赖"概念来描述两个行动者"相等地"依赖于产生"权力均衡"的关系的节点。

  在汉语国际教育硕士交往学习行为中,学习者二人组即二元交换,是一种重要的交往学习行为。例如,23 号学习者、24 号学习者双方同时拥有相等的权力与依赖。因此,两者之间产生了对等的相互依赖,即高度的相互依赖。高度的相互依赖等同于双方彼此拥有高度的相互权力。这种平衡的权力—依赖关系为其交互式的学习行为提供了稳定的结构,使双方保持了充分的信息交换、资源支持和合作学习习惯。23 号学习者、24 号学习者与其他大部分学习者保持相对远的距离。在两个人的学伴关系中,她们都是完全参与。但是,就整个学习者学习群体来说,这两位学习者并非完全参与。

23号学习者、24号学习者之间的交往学习行为有很清楚的边界，形成了特质性的关系。两位学习者彼此有很稳固的约定，局外人很难进入。她们也有细致而复杂的习惯，因此，局外人无法一下子适应并且分享。她们发展出独立的知识库，局外人无法理解，也无法体验。比较直爽的24号学习者是这样表述的：

我们俩比较搭调，因为从入学就睡上下铺，离得也比较近。上课的时候坐在一起，一般别人也不会跟我们一起坐。因为学习时有人约束，我改掉了以前懒散的毛病，挺高兴的。后来磨合得越来越好，我们也习惯在一起了，就没再考虑找别的人一起学习……复习的时候，她要做什么，我要做什么，都是事先商量好的，慢慢就成了习惯。我们都知道开了一门新课，我们该怎么配合……这种方法对大部分课程都挺有用的，再来一个人反而是"白吃饭"。

为了有效地理解出现一种关系的原因，必须考虑这种关系可能支持的工具性目的和情感性目的。在很多种情况下，一个单一的二元交换关系能够体现学习者的多重目的。在本研究中的二元交换的学习者之间的联结主要是支持工作目的、工具性目的和社会资本目的。23号学习者和24号学习者之间，形成了稳定的工作伙伴关系，两人是彼此求助的主要对象，也是学习信息来源的主要对象。二元交换中的学习者从同一种联结能够达到不同的目的，证明这种联结力量强大（Granovetter，1973）。如果一个学习者重复地向另一个学习者求助，而且每次交换都为了不同的资源，这种关系就是稳固的。弱关系往往只发生在一种交换关系中，针对一种资源。行动者之间的强关系产生凝聚力强的网络关系，这种关系能够为其成员提供支持。

（二）"小集团"的沟通："经纪人"

根据上面的凝聚子群分析可以看出，A班（1～14号）学习者分为7个"小集团",是高度异质性的学习群体。具有比较明显的"发散—资源均分型"特征。在这样的班级里,只有"边界性轨迹"的学习者才能可以跨越不同学习群体的边界,并且联结不同群体。这也是"经纪人"类型的学习者的特点。对于这些学习者来说,保持能够跨越不同群体,进行沟通的身份状态,是一种刺激其学习的动力。本研究中的11号学习者就是这样一个由于受到其他学习者的认同进而不断加强其学习主体意识,从而成为充分参与多个学习群体的"经纪人"型学习者。

在前期访谈中,11号学习者多次被其他学习者提名。其原因是"人好,比较有耐心"。在其后的访谈中,当她被告知,有很多学习者提名她作为偏好的学习伙伴时,她显得很吃惊。她是这样描述自己的:

为什么是我呢?我也不是学习最好的……别人让我做的事,我尽量做。有时候,别人让我做我不想做的事情,我虽然心里不乐意,但是想想也不能累死人,做了就做了。比如,期末复印学习资料,他们都喜欢让我去印。复习的时候,他们喜欢借我的笔记,有时候我自己还要用,但是也不好意思管别人要,但我不想让别人失望……以前考大学的时候,我就想,绝对不能让爸妈失望,再说,我只有学好了,我弟弟才有榜样。

11号学习者受到学习群体中多数学习者的认可,她的身份是能够跨越不同学习群体的"经纪人"型学习者。由于其淳厚的个性,受到了所在群体的其他学习者的认可。这种被需要的感觉促使其维持这种利他行为。"经纪人"是指能够在不同的实践群体之间提供联结的成员。在不同学习群体中,"经纪人"类型的学习者能够将新颖的概念、兴趣、学习风格和想法引入到学习群体中。"经纪人"现象是一种实践共同体与外界沟通的方式。

"经纪人"的活动十分复杂,包括在不同角度之间进行沟通、协调和调整。这需要"经纪人"具有影响学习群体的活动的能力，提醒其他成员注意力的能力，以及应对群体之间的不同兴趣的能力。"经纪人"还应该具备推动群体之间交流的能力，以及将一个群体中的元素引入到另一个群体中的能力。"经纪人"的活动提供了一种参与性的联结，这不是因为这个过程没有固化，而是因为"经纪人"的多重成员身份，以及参与过程中的协商可能性。

"经纪人"的活动经常会包含多重成员身份的模糊性。对于"经纪人"来说，跨越不同的群体边界并不是一件容易的事情。作为"经纪人"，这些学习者要么同时属于两个群体，要么不属于任何一个群体。"经纪人"必须避免两种极端：一种是成为某个群体的完全参与者，另外一种是被当作是入侵者而受到拒绝。"经纪人"类型学习者对学习群体的贡献恰恰是这种边界状态带来的信息沟通。因此，"经纪人"需要具有一种能够谨慎地驾驭成员资格和非成员资格的能力，与不同群体间保持距离，以便具备从不同视角看待问题的能力，以及足够的可信性，具有使其他人乐意倾听的能力。

三、关于不同"班风"的讨论

本研究认为，对于"内聚－资源整合型"班级来说，"明星"类型的学习者的作用最重要；对于"发散—资源均分型"来说，"经纪人"类型学习者的作用最重要。"明星"类型的学习者拥有更大的交换网络，他们的学术满意度和社交满意度更高，有更为强烈的继续学习的意愿，也有更高的学习持久度。本研究关于内向型学习者的轨迹的结论支持上述结论。个体学习者熟悉其他学习者的个数越多，他们的学习成绩就越好，学习持久度也越高。同样，学习者的结构位置也与其学习成绩和学习持久度相关。在学习群体中的参与可以为学习者提供很多的社会资源。相关的研究（Coleman，1988；Portes，1998）已经证实了学生的社会资本在加强联结方面的作用。"经纪人"能够在不同的学习群体之间创造联结，促成协作。如果他们是好的"经纪人"的话，还能发起新的学习机会。学习群体中的每个人都有机会进行"经纪"行为，但是某些个体更擅长做"经纪人"。这些学习者乐于创造联结，并且也乐于从事"进口－出口"的活动。比起向某个群体的中心移动，他们更加愿意停留在很多学习群体的边界，并且进行沟通。充分发挥这些学习者的作用，就能够将"发散－资源均分型"班级的"小集团"之间相互联结，从而具有更大的凝聚力。

本研究也特别关注了"边缘型"的学习者。例如，本研究中的28号学习者，虽然身处凝聚力比较高的班级，但是由于与班级其他学习者交往很少，处于孤立的状态，因此学习绩效比较差。28号学习者是一个典型的边缘性参与的例子。28号学习者在工作网络、工具性网络、社会资本网络和情感网络中，网络中心性都很低，属于边缘性人物。根据对其他学习者的访谈，28号学习者"比较神秘，不怎么上课，不怎么和大家接触"。研究者的观察证实了这一点。在课上，28号学习者从来不与其他同学坐在一起，总是一个人坐在离教师比较远的角落里。从来不主动发言，即使教师安排了合作学习的活动，她也从不主动寻找同伴。与其他学习者的主动沟通行为极少，其他的学习者也很少主动与其交流。其学习行为表现出比较强的"非参与"特征。通过访谈，研究者了解到，28号学习者来自京外，父母早年离异。父亲是一名画家，已经再婚，另有一子。母亲在国外。在对28号学习者的访谈当中，研究者了解到，28号学习者的姨妈家在北京，因此，她常常住在姨妈家。在之后的访谈中，她谈道：

不想在学校住，跟宿舍的同学没什么好谈的。跟同学在一起，我感觉精神上很累，有点无所适从。有时对于冷场和尴尬不知怎么去把握。在我姨妈家，我一个人一个屋子，条件比宿舍好，也没人打扰。在宿舍，我根本看不进去书。在学校的时候，我也回去得比较晚。有一次，我因为回去晚了，影响一个舍友睡觉，还吵起来了，后来就不太想在宿舍多待了。

逃避是28号学习者对其所在学习群体的非参与行为特征。学习者采取这种行为，是为了避免与学习群体中的其他成员交流，从而脱离于学习群体之外。与这种逃避行为相对的是，28号学习者对过去朋友的圈子，表现出比较明显的情感依赖。她说：

我的朋友都不是我们学校的。有一个是高中的同学，她高考的时候考上家里那边的学校了，但是她决定复读一年，考得更好。我还有一个好朋友，不太爱说话。我们都是很知心的朋友，什么话都可以说。跟这边的同学，好像说不到一块去。

从对28号学习者的访谈可以看出，她主动选择了边缘性的参与轨迹。大多数时候，28号学习者选择"不参与"的身份模式。当研究者问起她毕业之后的打算时，她说并无打算。在28号学习者构建的交往学习环境中，没有其他学习者的参与，因此，28号学习者始终处于学习群体的边缘位置。

本研究认为，无论是哪种"班风"类型，教师都需要根据"边缘型"学习者的自身特点，使其回归到班级中，实现在"合法的周边参与"基础上的充分参与。汉语国际教育专业硕士班"班风"与交往学习的关系、与教学管理的关系基本类型如图4-7所示。

对于汉语国际教育专业硕士生来说，在班级这一实践共同体中的参与将有助于个人通过经验发展或谈判获得其身份，从而形成某一个群体成员的"职业认同"；每一个学生建立的学习轨迹都是在多个网络协调为统一身份的过程。"关于职业的知识不仅仅是由人获得，而是通过活动和与各种人的互动来构建的"（Wenger，2010）。个人通过他们在不同网络内和实践环境中确定其学习轨

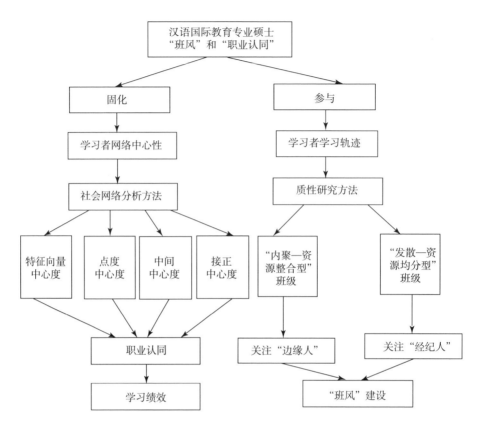

图4-7 汉语国际教育专业硕士班"班风"与交往学习的
关系、与数学管理的关系基本类型

迹。根据其参与程度和成员资格,他们将体验到从外围到内部的不同参与程度(Wenger,2010)。职业认同的形成是持续的过程,这个持续的轨迹也是研究职业认同的基础。

社会认同理论主张以社会创造的社会类别(民族、种族、阶级等)为基础的身份概念。个人获得身份或对自我的理解部分来自他们所属的社会类别。这种自我定义是一个动态的过程,由时间和语境共同决定。即使在很短的时间内,认同一个价值消极的群体也会对"一个人的自尊水平产生负面影响"(Sherman、Hamilton 和 Lewis,1999)。

第五章

孔子学院个案：志愿者教师在文化活动中形成的"职业认同"

汉语国际教育硕士在职业中拥有与其他人相同的知识、技能和意识形态,并与那些不属于此职业的人变得不同,这是职业认同的基本条件。这个阶段,作为汉语教师的汉语国际教育硕士学生从班级这一"实践共同体"转移到更复杂的工作环境中,他们将"强烈地认识到自己是专业化的个人"(Nystrom,2009),并且由于工作得到薪酬,感受到作为一名新手专业人员向劳动力市场过渡,然后进入早期职业专业人士的身份建构阶段。实习是构建专业硕士人才培养模式的重要环节。汉语国际教育专业硕士生在读研期间可以选择申请成为一名由国家汉办/孔子学院总部派出的汉语国际志愿者教师。"汉语国际教育专业人才培养目标偏重培养应用型人才,因而实践性教学能力与教学技巧的培训尤为重要,本专业的教学实习与其他教育师范类专业有一定的区别。本专业教学对象为非母语人,教学环境为国外各中小学,海外教学实习是本专业理论与实践进行结合的最好方式"(吴海燕、彭建玲,2015)。

本章将以一个孔子学院的本土化文化活动中的志愿者教师的"职业认同"特征为个案,分析汉语国际教育专业硕士生在志愿者教师身份下形成的职业认同。研究基于2016—2017年加拿大萨斯喀彻温大学孔子学院所开展的各类文化活动,并按照活动类型将其分为四类:文化体验类、文艺演出类、论坛讲座类以及展览类。

第一节 萨斯喀彻温大学孔子学院的本土化文化活动

因地理位置、文化、经济和社会系统的差异,全球的大学可能迥然不同。通过服务学习和志愿服务与当地社区成员进行互动也很重要。Bourner和Millican(2011)强调了课外活动对就业成果的重要性。对于汉语国际教育硕士生来说,它可以加强对自我反思和与他人的关系，让个体接触到丰富的新事物和经历（Jones & Abes, 2004）。工作场所能够比大学课堂更有效地塑造职业认同（West & ChurHansen, 2004），因此，学生之间的对话和与雇主的互动是非常必要的。

一、四类主要本土化文化活动

（一）文化体验类活动

文化体验类活动主要强调"体验"二字，所举办的活动大多能够让参与者亲自动手、亲身参与，通过参与者进距离接触中国文化的相关内容，从而激发参与者进一步了解中国文化的兴趣。萨斯喀彻温大学孔子学院的文化体验活动举办地点主要集中于萨斯喀彻温大学校园、老年公寓以及原住民中心，活动内容较为丰富，涉及书法、绘画、手工艺品制作、美食等。从图5-1中不难看出，活动内容中频繁出现的元素有书法、绘画、手工艺品制作，

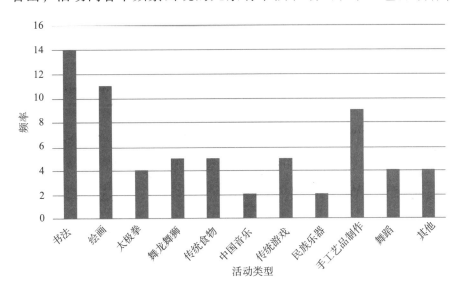

图5-1 文化体验类活动类型与频率

中国传统美食的品尝和制作也是体验类活动的首选之一。中国传统游戏包括丢沙包、抖空竹、拔河等运动类，也包括象棋、华容道等益智类活动，这类活动体验则适用于青少年体验者，其他类如、皮影戏、茶艺等的出现频率仅为一次。

（二）文艺演出类活动

文艺演出类活动（见图5-2）在各类活动中所占比重最大，文艺演出类的文化活动主要以节目汇演的形式进行，可以大致分为两种：一类是孔子学院和其他机构联合共同举办，如中秋节晚会、华人春节联欢晚会等；另一类则是孔子学院受当地学校或社区机构邀请进行演出，如学校或社区举办的多元文化节等。表演内容主要为中国特色舞蹈、中国民族乐器、舞龙舞狮、中国民族音乐以及太极拳表演。仅次于舞蹈类的表演是舞龙舞狮。表演类活动多在传统节日或重要庆典中举办，也由此造就了其受众广的特点。

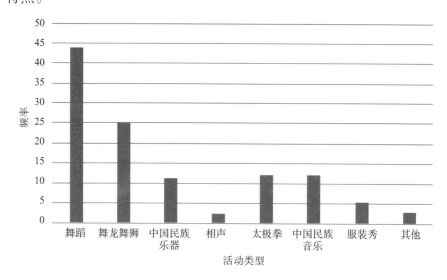

图5-2 文艺演出类活动类型与频率

第五章 孔子学院个案：志愿者教师在文化活动中形成的"职业认同"

（三）讲坛讲座活动

论坛讲座类活动（见图5-3）相对较少，主要邀请加拿大各高校的教授或来自中国的访问学者作为讲座的主讲人。这类活动具有灵活性高、涉及内容分散的特点。根据主题来看其涉及的领域较为广泛和分散，且相互之间联系性弱。其内容不局限于现代、当代，也包括古代；也不仅局限于文化，还包括体育、教育、国际关系等。

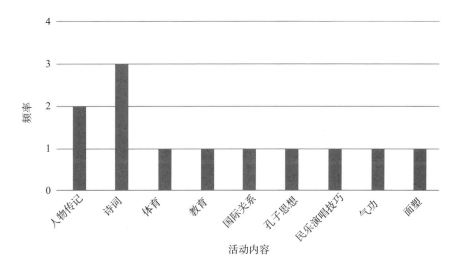

图5-3 论坛讲座类活动内容与频率

（四）展览类文化活动

展览类文化活动是四类活动中举办次数最少的，展出内容以书画以及雕塑为主（见表5-1）。这类文化活动主要强调展示性，具有直观、生动的特点，同表演类活动一样也能够为参与者带来视觉上的冲击，但是不同的是前者为"动态"，后者为"静态"。

表 5-1 展览类文化活动情况

时间	次数	主题
2017 年	4	张广慧版画展"如是我闻"
		郑书成水墨画展"鸿雁高飞"
		王新元中国书画收藏展
		中国雕塑艺术展"自然而然的艺术"
2016 年	1	郑书成国画展"道法自然"

二、利益相关方访谈

本部分个案研究有两个主要目标：一是梳理加拿大萨斯喀彻温大学孔子学院本土化文化活动的主要类型和标志性活动；二是通过访谈梳理孔子学院本土化文化活动中形成的"实践共同体"的要素和职业认同形成机制，并调查志愿者教师和中外方院长对本土化文化活动中形成的"职业认同"观点。选择孔子学院本土化文化活动的原因是考虑到调查更为广泛的群体接受度。与正式课堂教学相比较，这种文化活动能够包括最广泛的汉语学习群体，即除了孔子学院注册的学员之外，还包括本地居民。研究主体为 8 名志愿者教师、两名中外方院长以及 5 名孔子学院管理委员会外方管理人员，以上人员是收集访谈数据的主要对象。8 名志愿者教师均已完成汉语国际教育专业硕士的在校课程学习，其孔子学院汉语志愿者教师工作为课程实习部分，为时一年。定性研究使用了人种学和收集数据的现象学方法（Janetius，2005），即讲故事的非正式对话和文档分析方法。讲故事的非正式对话用于志愿者教师和中外方院长访谈；文档分析方法用于孔子学院管理相关文件、官方声明以及加拿大孔子学院本土化文化活动有关的新闻报道。

第五章　孔子学院个案：志愿者教师在文化活动中形成的"职业认同"

（一）志愿者教师职业认同维度Ⅰ：对教学理论的再吸收

8位志愿者教师的访谈基于外语教育心理学的"学习动机理论""最近发展区""教师职业发展理论"等在校园学习的主要理论知识，体现出志愿者教师对这些理论的朴素理解和在教学实践中的融合，这些感悟是难以在课堂上体会到的。一位志愿者教师说道：

一个二年级学生悄悄告诉我："老师，我很想学好汉语，但总是学不好，我需要鼓励，需要老师您的鼓励！"当我听到这句话时，感觉他就像个孩子，很着急，需要我来帮他树立信心。对于学生来说，兴趣和信心非常重要。

前半段教学工作让我获益匪浅。我的教学观由"一定要让学生学到更多的东西，通过测试获得高分"，逐渐变成了"要让学生由衷地觉得学习汉语很有乐趣"。我也将在工作实践中不断努力，发现问题、解决问题、总结经验，以提高教学能力和水平。

我们举办活动，不能强制要求学生在现有水平下做无法做到的事情。举办活动要根据学生的现有水平。每个活动的举办目的是不一样的。同样的活动，针对不同的学生，我们应有不同的活动目的。教师如果根据自己的臆想提出不切实际的要求，难免会让学生产生消极情绪。活动的目的是为了让学生展现他们努力学习汉语的成果，树立学习汉语的信心；鼓励学习汉语的学生继续学习汉语，并向还没有学习汉语的学生做好宣传工作。

（二）志愿者教师职业认同维度Ⅱ：自我评价，职业认可的提升

一位志愿者教师这样描述自我评价和职业认可的提升：

在加拿大的日子是我永生难忘的，自己克服了饮食上的差

异和天气的寒冷。一年的辛酸，一年的收获，一路走来，成熟了很多，现在觉得自己很棒。

在加拿大的这9个月我变得有耐心了，人也平和了很多，懂得了爱别人，珍惜别人对自己的帮助。

不断有认识我们的学生和同事，冲着我们志愿者教师大声打招呼："你好！""你好！"。所到之处尽是人群的欢呼与喝彩声。每当人群中传出这样的喝彩声时，我们都觉得无比感动。这是一场属于当地民众的大型庆典，我们看到中国文化点滴浸润在这片土地上，这是城市的包容，也是文明的力量。

（三）志愿者教师职业认同维度Ⅲ：对汉语教师职业的认同

一位志愿者教师这样描述汉语教师职业的认同：

我希望自己的教学对汉语学习者有意义。我希望他们更愿意学习汉语，我个人可以作出贡献，但我也需要这些学习者保持专注。

特别是当你结合两份工作（志愿者和汉语教师）时很难，因为你必须参加所有的文化活动，另外还要自己备课。我们既是演员，又是教师……学生们期望我什么都会，有时我发现这些很难做到。

类似的评价可以也从中方院长评述中听到：

汉语国际教育硕士在孔子学院的实习目的是整合他们已有的学科知识并形成自己的教学风格、教学艺术和技能，这是个互动学习的过程。

我们既是师生，又是同事。我告诉他们，他们是我依靠的对象，我也是他们依靠的对象。我们必须靠自己的双手自力更生，小到一顿饭，大到自己独立策划一场文化活动。

第五章　孔子学院个案：志愿者教师在文化活动中形成的"职业认同"

所有受访的孔子学院志愿者教师（汉语国际教育专业硕士生）都感受到了双重的职业认同，他们既不是单一的汉语国际教育专业硕士生，也不是单一的孔子学院志愿者教师身份。在国内，学生和教师意味着与相应身份的不同角色，而在异乡的孔子学院担任志愿者教师的身份使他们经历了作为汉语国际教育专业硕士生预先存在的身份的分离。一位受访者这样谈论他的双重身份："我觉得自己是一名教师，这种身份与我的志愿者身份一起发展。"换句话说，当汉语国际教育专业硕士以志愿者的身份来到孔子学院的时候，他们认为自己既是教师又是志愿者，其学生身份就淡化了。一位受访者描述了这种双重身份如何在日常生活中体验内部和外部对话之间的相互作用：

当我解决了学生的某一个汉语学习的问题，获得他们的认可的时候，从这个意义上讲，我确实感觉自己更像是一名教师，但在我作为志愿者的日常工作中，这个角色并不重要，因为我还要协助院长进行文化活动的策划和布置。这与我的硕士生身份不同，在这里与我更专注在院长领导下的孔子学院团队的密切合作。

自我的发展、经验、表现或制定总是在一个大的社会文化背景和话语共同体中下发生（Kramsch，2009）。每一位志愿者都描述了一系列"关键的经验"，即那些破坏个人原有自我认同并导致另一身份的创造，这些在文献中被称为"重大事件"，或"计划外的和意料之外的事件"。这些重要的经验或事件帮助志愿者塑造了新的职业认同。

第二节　发现及讨论

学习是学习者在社会实践中发展认同的过程。学习不仅仅是获取个人化的客观知识或者是正规的技能，而是一群人在共同的活动中通过行动、语言和其他参与方式，获得自身在学习群体中的角色的理解，以及对其他学习者在学习群体中角色的理解过程。个人在获得认同的同时，习得群体的文化，并且像这个群体中的其他成员一样行动。认同具有社会性。共同体的成员资格就是认同最重要的社会特点。例如，国籍就是一种认同。认同的过程包括将一个地区的居民固化成一个国家的居民；被认可成一个国家的国民；获得证实国籍认同的认同文件；在个人意义上以归顺的方式认可这种认同，等等。学习者的认同含义是丰富的、复杂的，这是因为，认同来自复杂而丰富的实践。认同和实践密切相关，因此，认同的维度也反映了实践的构成。认同指学习者通过创建与他人的联结或者疏离关系，创造不同方式的认同归属的过程。

　　认同是一种包括了参与和固化两种意义在内的经历。一方面，认同是一种"认可成为某人"或者"被认可成为某人"的过程。"某人"可能是一种范畴，一种描述，一种角色或者其他类型的固化。另一方面，认同也是一种参与性的过程，包含"与某人或者某事相同"的意思。也就是说，发展塑造我们认同的经历。认同既是我们自身发生的行为，也是我们对他人的行为。我们既要认可自己作为某个群体成员的认同，也要被这个群体认可。一方面，我们将自己定义成不同类型的人：成人，内向的人，戏剧爱好者，等等；另一方面，他人也在定义我们：好学生或者差学生，受人欢迎的学生或者怪人，等等。因此，认同是一种关系性过程，也是一种经历性过程；认同是主观的，也是集体主义的概念。

　　认同在参与意义上讲是一系列不停变化的学习轨迹。这种学习轨迹可能发生在学习群体内部，也可能跨越不同的学习群体的边界。由于学习行为是不停变化的，因此，学习者的认同也是暂时

第五章　孔子学院个案：志愿者教师在文化活动中形成的"职业认同"

的，不断持续的，变化的。另外，由于认同是在社会环境中被构建的，认同的暂时性要比简单的线性时间变化复杂得多。认同是由不同学习者形成的多重发散或者会聚的学习轨迹的交互形成的动态过程。

孔子学院的发展是中国教育对于经济全球化和教育国际化的积极回应。全球化引发了教育国际化，这体现在跨国教育的快速扩展，即跨越国家和地区边界的教育以及全球国际学校的兴起（Starr，2014）。这些教学环境的特点是教学人员的文化多样性。这种背景下的教学经验有助于激励和支持教师的专业发展（Clifford 等，2013）。一方面，不同文化规范的相互作用可能产生矛盾，这种矛盾将刺激对教学和学习以及固有信念的识别、批判性反思和质疑，促进转型学习（Montgomery，2014）；另一方面，众多文化的共存有利于新的跨文化教学法的发展（Lai 等，2016；Keevers 等，2014），并可能促进相互促进跨文化界限的理解。然而，所有这些可能性都取决教师对他们自己观点的本体论和认识论基础的批判意识以及他者文化的观点，即认识到不存在任何一种认识方式优于另一种方式的事实（Djerasimovic，2014）。不幸的是，在现有的跨国教育文献中，西方知识体系和实践的霸权以及片面学习的研究结果比比皆是（Keay 等，2014；Montgomery，2014）。研究人员发现，跨国教育计划中的互动往往具有不同文化背景的教师之间不平等的权力关系和不成比例的贡献（Djerasimovic，2014；Pyvis，2011）。这些计划充满了发达国家教学实践的主导单向传播，以及当地的知识被边缘化和制服（Kanu，2011）。例如，Zhang 等人（2015）发现，在中加双语文凭课程中，与汉语相关的学科和教师被边缘化，与汉语相关的文化及其传统教学方法屈从于与英语相关的教学。多元文化教学人员之间缺乏互惠、双向交流和相互尊重，导致跨国教育计划被批评为"知识资本主义""语言和文化帝国主义"或"意识形态帝国主义"（Olssen and Peters, 2005; Pyvis, 2011; Zhang, 2015）。

从本体论角度讲，汉语国际教育硕士的职业认同是一个双重性概念，即职业认同被行为主体感知，同时又具有能动性，这是由身体的双重功能决定的。

首先，人的身体是一个自然存在，其姿势带有各种象征意义。人在社会活动中形成的各种行为举止、表情声音，不仅仅是纯粹的生物性活动和本能的表现，而已发展成为具有指称、象征意义的社会性行为，它们超越了单纯的自然行为而构成了一个文化精神的制度世界，其结果就是活生生的表达活动沉淀，生成了制度化的符号：身体通过说出词语，参与了"制度化"过程，是制度化的主体间的行为。我们关于某一事物的知觉，并非仅仅是对一物理对象的知觉，同时也是作为我们使用的工具、纪念物、礼物等各种形式出现在我们的知觉中，都带着与各种生活的联系，换言之，"被知觉的世界"之中必然体现着"文化世界"。

其次，通过身体的介入，我与他人之间形成一种身体动作的共同体，步入身体间的共同语言世界。这个语言世界成了我与他人之间共振的脉搏，是我与他人之间形成的公共领域。梅洛-庞蒂将这种公共性的基础溯源到知觉世界中身体的"同一机制"（Merleau-Ponty, 1973）。尽管我的知觉与他人的知觉并不等同，但它们是相通的，因为物体作为真实能够呈现于与我处于同样情形的主体。一张桌子，无论我们用眼睛去看，用手去摸，尽管会有感觉上的差异，但我们都能认出这是一张桌子，两人的感觉最终会在我们的身体中统一起来，形成"一张桌子"的概念。这种"同一感"反映了我们身体的统一性。正是通过这一共识，我和他人之间具有了一种共同的可交流的意义，这也是一个公共的文化世界得以形成的基础。而制度性的"同一机制"是"职业认同"，这种认同需要在一个共同体中产生和培育。

研究人员正在呼吁进一步研究教育国际化中一个重要的职业发展来源，即不同文化背景的教师之间的相互和互惠学习——如何最大化（Keevers 等，2014）。学者们提出了各种促进跨国教育互惠学习的措施，包括：倡导多元化的方法认可多种知识（Djerasimovic，2014）；建立实践社区，加强不同文化背景的员工之间的互动，促进学术关系和他们之间的联系感和归属感（Keay 等，2014，Keevers 等，2014）；鼓励主导群体对他们自己的实践提出批评和质疑的立场（Bovill 等，2016；Howe 和 Xu，2013），等等。这些措施主要侧重于培养学校文化和创建鼓励和支持相互学习的结构。然而，相互学习的前提是，教师必须是创造性的行动者。教师是否能够为相互学习作出贡献并从中受益，从而最大限度地发挥跨国教育背景下的专业学习作用，不仅取决于制度设计，还取决于教师的知识储备（Moll、Amanti、Neff 和 Gonzalez，1992），以及了解和融入周围环境以影响他们自己和他人的实践的各种方式。

在孔子学院工作的许多志愿者教师需要调和他们既是汉语国际教师又是志愿者的矛盾身份。由于他们既是教学的老师，也是从事文化活动的志愿者，还是汉语国际专业硕士研究生，平衡这些关系不仅是他们本人的挑战，也是中方院长和其他相关的人面临的挑战。例如，在一位志愿者的访谈中提到，她作为语言教师和语言学生的多重身份让她觉得很困惑，因为她除了讲课之外，还要"做道具，做演员"，"有时候在台上跳舞时看到学生做观众感到很尴尬"。

第六章

"实践共同体":汉语国际教育专业硕士人才培养的理论框架

"实践共同体"这个概念是由美国社会学家Etienne Wenger等人基于杜威的"情境学习"理论，经过对学徒制情境下的学习研究提出来的，是一个社会学习理论。"实践共同体"关注发生在真实学习情境下，与某个职业实践紧密相连的学习活动。"共同体"这一概念强调群体的共同目标、整体利益、共同价值取向，或共同精神结构以及研究个体与共同体关系的重要性。1998年，Wenger基于对保险索赔处理员的人类学研究，出版了专著《实践共同体：学习、意义和身份》一书，系统地阐述了"实践共同体"概念。"实践共同体"是一种新的学习范式，研究"新手"在工作场所背景下，通过"合法的边缘性参与"，在职业相关的实践共同体环境下，通过与"专家"成员正式、非正式的连续互动而产生的个人"参与"和"固化"自己身份的社会学习过程。

"实践共同体"是指有共同知识库、共同目的、语言、行为、技术和共同成员的实践群体，其成员从事共同进行解决问题、索取信息、寻求他人的经验、协调和协同资源、讨论发展等活动。"共享的资源库"包括可以描述外显的故事和有用的工具、经验、故事，处理典型问题的方法等，也包括只能通过观察和体验习得的内隐的价值观、行为准则等。这个理论基于一个根本假设：即一个人发展其职业认同和归属感，与其参与实践共同体的过程密切相关。

"实践共同体"理论在国际上已经被广泛用于"职业认同"的研究。在教育学社会语言学、材料人类学以及二语习得等多个领域被引用。最近，"实践共同体"的概念又深入知识管理领域，被看作是培养新知识、刺激创新、分享组织中现有的缄默知识等方式。

根据"实践共同体"理论，学习和职业认同是同时发生的两个过程。学习是学习者进行社会实践的过程。学习不仅仅是获

第六章 "实践共同体":汉语国际教育专业硕士人才培养的理论框架

取个人化的客观知识或者是正规的技能,而是一群人在共同的活动中通过行动、语言和其他参与方式,获得自身在学习群体中的角色的理解,以及对其他学习者在学习群体中角色的理解的过程。与此同时,个人作为职业实践的积极参与者通过"实践共同体"学习、协商并创造意义,即"实践共同体"成员的共同身份。

学习是一种包括了参与和固化两种意义在内的经历。一方面,学习是一种"认可成为某人"或者"被认可成为某人"的"固化"过程,即一种范畴,一种描述,一种角色或者其他类型的固化。

另一方面,学习也是一种参与性的过程,初学者刚刚进入共同体时,只能在周边参与,对实践的结果贡献不大。随着与资深成员的互动加深,他们的实践逐渐丰富起来。他们的技能越来越熟练,也越来越认同这个共同体,自己逐渐就成了资深成员。"学习者的身份及其学习过程都由他们所处的实践共同体建构。教室就是一种实践共同体,你可以看到它们是如何塑造并给予学习者某种身份,而学习者又是如何认同自己的身份的"(Wenger,1991)。

新时期,孔子学院在教师、教材、教法等方面本土化的发展趋势对汉语国际教育专业硕士的人才培养提出了新的要求。汉语国际教育专业硕士的人才培养的意义在于为中国特色大国外交输送人才。汉语国际教育硕士毕业生需要在不同认识论、不同社会和文化不同的背景下工作,在群体中培养其职业认同应成为未来人才培养的借鉴。职业认同的产生和发展的学习机制如下:反思(可以刺激自身观点并导致制作和采用新的观点);身份识别(可以激发对人们现有做法的新认识,并加强对这些做法的归属感);协调(可以导致制定新的程序,使实践之间保持一致和有效协作);转型(可以促进各种实践的创新和整合)。

第一节 汉语国际教育专业硕士职业认同研究的理论框架

本研究的关注焦点之一是个体学习者的认同问题,并从社会维度加以考察。这里的"认同"概念从使用意义上讲是社会和个体行动者之间的纽带。构建一种认同,就是我们在群体中形成成员认同的过程。因此,通过"认同"的概念,我们可以将社会和个体概念相互连接起来,不至于陷入社会和个体"二分化"的窠臼。本研究认为,"学习者认同"是一个综合性概念,既包括学习者在学习群体中不断变化着的动态参与式学习行为,也包括学习者对自身和他人在学习群体中的地位的相对静态理解。动态的参与过程,可以通过描述学习者的学习轨迹,即参与轨迹实现;静态的理解,可以通过描述学习者在学习群体中的位置实现。

本研究的理论框架以社会学习理论的"实践共同体"理论为基础。"共同体"一词在政治哲学中早就出现。从苏格拉底、柏拉图、亚里士多德,经西塞罗、奥古斯丁、托马斯·阿奎那、爱德蒙·伯克,到约翰·密尔、黑格尔和杜威,"共同体关系"概念的内涵和意义虽然变化不少,但其重要性却一直为历代政治思想家所重视。古希腊哲学家苏格拉底、柏拉图和亚里士多德从城邦政治学角度出发,探讨了公民个体、共同体和城邦的关系。他们认为,生活的目标即"善"。没有独立于社会的人,个人的本质由其所处的某个共同体决定。由于人们的所有行为都是出于他们认为的某种"善",所以共同体"是人们为着某种善而成立的"。个人的善不可与共同体的善分离开来看待。人们处在一个共同体中,这个共同体有着共同的计划或目的,它要给其成员带来利益,而共同体的成员通过自己的活动来增进共同体的利益。

古希腊政治学认为,城邦就是这样一个理想的政治共同体(龚

第六章 "实践共同体":汉语国际教育专业硕士人才培养的理论框架

群,1998)。西塞罗沿袭了"城邦"的概念传统,用"共和国"来表示国家。他认为,"人民并非是人们随意组成的群体,而是由许多人一致同意尊奉正义所结成的集合体,是为互利而彼此合作的共同体。"与城邦相比,共和国的地理外延更为广大,但是并没有脱离古希腊城邦的本质特点。奥古斯丁和阿奎那从基督教角度阐述了教会作为基督教徒精神共同体的重要性。奥古斯丁采用了一个价值中性的国家定义,即"一个由所爱的事物一致而联合起来的理性动物的共同体";而阿奎那认为,应该建立一个由教会支配的世俗国家共同体。滕尼斯最主要的贡献是提出了"共同体"概念,并且指出,共同体和社会是人类群体生活中结合的两种类型。他认为,共同体是建立在有关人员的本能或者习惯制约的适应或者与思想有关的记忆之上的,而社会产生于众多的个人的思想和行为的有计划的协调。共同体的出现要早于社会(韦伯,1996)。

"实践共同体"是指某个从业者的共同体,新手进入其中,并且尝试获得这个共同体的社会文化实践。在"实践共同体"理论视角下,"学习"是指当人们为实现共同的目标进行互动的过程中出现的共享的社会文化实践和发展的过程。

"实践共同体"理论认为,所有的学习都应该看作是在实践共同体中的参与过程(Lave 和 Wenger,1991)。学习的内容不仅是某个片段的知识,更是参与某个实践共同体的能力。学习不仅是观察他人如何参与实践共同体,也是自身参与的直接结果。初学者刚刚进入共同体时,只能在周边参与,对实践的结果贡献不大。随着与资深成员的互动加深,他们的实践逐渐丰富起来。他们的技能越来越熟练,也越来越认同这个共同体,逐渐自己就成了资深成员。"合法性"是指他们的参与是完全正当有效的,"周边"则指他们还不完全清楚应该如何做。随着参与程度的加深,他们的自信心、责任感和技能与日俱增。这些新成员对共同体也产生影响，但这种影响是随着实践共同体的变化而变化的。本研究中对"学习"的理解就是基于上述理论。本研究的理论框架是"实践共同体"理论中的"认同"理论，主要包括"固化"和"参与"两个核心概念，其基本理论框架如图 6-1 所示。

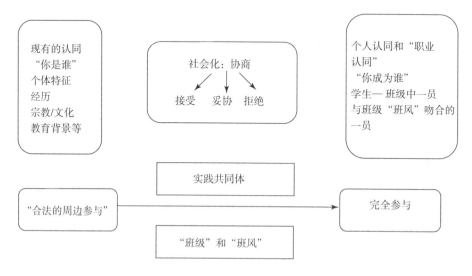

图 6-1　专业硕士职业认同研究的基本理论框架

作为一个抽象概念。"认同"通过"固化""参与"两个过程构建，将一个抽象的事物看成是现实存在，或者看成是一种实体的物质。从认识论意义上讲，固化的意思是"使某事成为存在"，或者是"将抽象事物具体化"。例如，将法律成文，设计一个计划，制作工具，都是一种固化过程。"如果没有足够的动态的支持，单靠固化无法支持整个学习过程。固化的力量，其简洁性、可携带性、潜在的物理表现及其聚焦效应都是固化的弱点。在盲目的操作中，程式可能会掩盖重要的意义"（Wenger，1998）。固化是指将抽象的事物变成"凝聚"的形式。固化过程是学习者实现认同的核心过程。例如，用文件和符号表示某个抽象的概念。固化能够防止流动的非正式群体活动阻碍合作和相互理解。"固

第六章 "实践共同体":汉语国际教育专业硕士人才培养的理论框架

化"是将思想"去个人化"(Depersonalizing),发展并强化抽象思维的重要工具。通过参与我们构建自己的认同,通过固化识别并且赋予抽象概念以意义,以期拥有并且控制它们。"通过参与我们从他人身上认识自我,通过固化我们将自我投射到世界上,不必在这个投射的过程中认识自己,我们将自己的意义看作是独立的存在"(Wenger,1998)。

学习者的认同要固化下来,就必须通过某种物质的存在。这种物质的存在,在本研究中,就是学习者的在学习群体中的地位。本研究将学习者群体看作一个社会网络,通过社会网络分析的方法,分析每个学习者在网络中的位置,从而将学习者的认同以固化的方式加以体现。

参与是意义协商的另一个因素。参与是在社会性过程中的积极投入,不仅包括参与者将固化的描述转化成具体化的表达,还包括参与者对其意义的重新建构。参与是规避固化的内在僵化性的重要方式。

学习者与学习群体之间的参与关系包括参与和非参与。我们的身份认同由这两种关系形式决定。非参与的经历不一定会导致非参与的认同。因为我们自身的实践往往包含着他人的实践,我们不可避免地需要接触其他并非我们所属的群体成员,因此,非参与是我们生活中不可避免的。我们的认同不仅通过我们从事的活动得以体现,也通过我们不从事的活动得以体现。我们的认同不仅代表着我们是谁,也代表着我们不是谁。从这个意义上讲,非参与也是参与的一种形式。

通过参与和非参与的混合关系,我们能够定义认同。这种认同能够反映个体和群体的权力,从而影响我们与世界之间的关系。因此,不同的参与方式为:我们如何在社会场景中定位;我们关心什么,我们忽略什么;我们想要学习什么,我们选择放弃什么;

我们与哪些学习者建立学习关系，回避哪些学习者；我们如何利用自己的精力；我们如何掌控自己的学习轨迹，等等。以上的选择是由参与和非参与结合而成的。这些选择并非仅仅是个人化的选择。这其中还包括了通过构建社会关系而形成的共同体。这种社会关系构建在不同的层次上。

第二节 汉语国际教育专业硕士班级"班风"和职业认同关系理论框架

本研究从汉语国际教育硕士的交往学习关系视角探讨汉语国际教育专业硕士班级"班风"形成的机制和主要类型。从汉语国际教育硕士的交往学习角度研究汉语国际教育专业硕士班"班风"，意味着从学习者之间的"交往学习"关系入手。因此，必须从静态和动态相结合的视角，看待汉语国际教育硕士在班级内部的学习行为。因此，本研究中的"交往学习"是一个综合性概念，既包括班级内部学习者的整体的交往学习结构，也包括班级内部学习者的不断变化着的动态参与式学习行为。动态参与的"交往学习"，通过呈现学习者选择学伴的情况实现；静态的"交往学习"，通过描述学习者在班级内部的角色分布实现。通过"交往学习"这一概念，我们可以将社会概念和个体概念相互连接起来，从而避免陷入社会和个体"二分化"的窠臼。

本研究认为，汉语国际教育硕士生的"交往学习"发生在班级内部。因此，班级是"交往学习"的重要载体和场所。学习的内容不仅是某个片段的知识，更是参与某个实践共同体的能力。学习不仅是观察他人如何参与实践共同体，也是自身参与的直接结果。初学者刚刚进入共同体时，只能在周边参与，对实践的结果贡献不大。随着与资深成员的互动加深，他们的实践逐渐丰富起来。他们的技能越来越熟练,也越来越认同这个共同体,自己逐渐就成了资深成员。"合法性"是指学习者在实践共同体中的参与是完全正当有效的,"周边"则指他们还不完全清楚应该如何做。随着参与程度的加深,他们的自信心、责任感和技能与日俱增。这些新成员对共同体也产生影响,但这种影响是随着实践共同体的变化而变化的。

图6-2表示的是本研究"班风"与"职业认同"研究的理论框架。根据实践共同体理论,学习和职业认同是同时发生的两个过程。学习是学习者进行社会实践的过程。

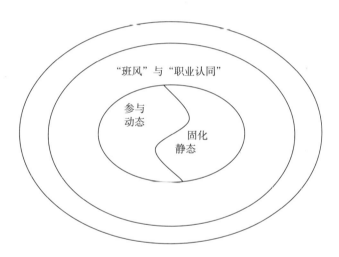

图6-2 "班风"与"职业认同"研究的理论框架

汉语国际教育专业硕士的职业认同的另一个理论支持是自我对话理论。这个理论框架将"自我"视为多个身份职位的动态配置,例如我作为班级的一个学习者,作为一名孔子学院志愿者汉语教师,作为一个需要完成毕业论文的学生等;职业认同由不同身份立场之间的内部对话塑造(例如"作为班级的一个学习者",我希望获取实用性教学知识;"作为孔子学院的志愿者汉语教师",我希望在孔子学院教学过程中遇到的特殊情况能有解决方法)和与其他人的外部对话（例如"接受学生的赞赏促使我继续我的教学生涯"）。职业认同是叙事建构的连续过程的结果，在此过程中，身份定位可以被重新定义，添加、删除、合并等，从而提供进一步发展和更新自我的可能性，同时保持统一感。当汉语国际教育硕士生需要面对不同的文化，在不同的环境中采取行动时，这种自我对话尤其重要。

分析发生在研究生班级中的交往学习，可以采用"实践共同体"理论视角。

首先，班级是由两个以上的个体构成的，是"既作为一个整体，又不能完全丧失个体各自的独立性"的有序群体。这也就是说，一方面，这一有序群体是由个体构成；另一方面，构成这一有序群体的个体在群体中又不纯粹是独立的个体，而是构成整体的要素。

其次，汉语国际教育硕士生在班级中既互相分化，又各自联系。也就是说，班级中的学习者越是具有独立性，其独立性越是与整个群体密不可分，这一群体的有序程度或组织程度就越高。这也就是说，这一群体的有序程度与组织程度有两种相互对立的指标：分化程度与联系程度。从概念上分析，"交往学习"通过"固化"和"参与"两个过程构建。固化过程是每个实践的核心，但是，如果没有足够的支持，单靠固化无法支持整个学习过程。参与是意义协商的另一个因素，指在社会性过程中的积极投入，不仅包括参与者将固化的描述转化成具体的表达，还包括参与者对其意义的重新建构。参与是规避固化的内在僵化性或者是含糊性的重要方式。本研究使用"固化"概念，分析班级内部学习者之间的分化程度；使用"参与"概念，分析班级内部学习者之间的联系程度。

班级能够为学习者提供理想的学习场所，使其完成学习的轨迹。学习者不仅可以在其中经历过去，未来也可以作为个人的学习轨迹得以体现。学习是一系列不停变化的参与轨迹。这种参与轨迹可能发生在学习群体内部，也可能跨越不同的学习群体边界。由于学习行为是不停变化的，学习者的身份也是暂时的并不断变化的。从这个意义上讲，班级能够从两个方面加强其成员的资格身份：一是将学习者过去的学习经历，以及学习者的知识融汇在学习者群体中，使个体学习者的经历为构建健康"班风"作出贡献；二是为学习者设计在班级中交往学习的轨迹，使其可以预见到自己的有意义的未来。

交往学习造就了某些学习者在班级中的"经纪人"角色。因为他们可能参与不同班级的交往学习，因此从属于不同的共同体。不同共同体之间的边界是可渗透的，因此一个人可能分属不同的共同体（Wenger，1998）。将不同的共同体产生联系的人叫作"经纪人"，"经纪人"同时具有社会性的以及技术性的知识或者技能，懂得如何将一个共同体的固化意义转化为另一个共同体的固化意义。"经纪人"也必须能够召集共同体的成员，并且能够带领其发生转变。因此，学习者的世界是由相互交织的学习群体构成的，学习者需要不停地穿越边界，感受到其他学习群体的特点，并且在穿越其他学习群体的边界时，协调自己的行为。本研究分析不同类型的学习者，特别是"经纪人"型学习者在构建"班风"中的特殊作用。

一、职业认同的表征1：固化

固化过程是交往学习的核心过程。"固化"是指将抽象的事物变成"凝聚"的形式。例如，用文件和符号表示某个抽象的概念。在本研究涉及的T大学中，就有"固化"的例子。比如，T大学制定的《宿舍公约》如下：

（1）热爱学校，遵规守纪；明辨荣辱，勤俭节约；

（2）坚定理想，崇礼尚德；钻研学术，尊重师长；

（3）磨炼意志，强身健体；美化心灵，律己宽人；

（4）恪守诚信，团结友爱；关心他人，互帮互助。

本研究不关注此类"固化"的学习文化。

本研究中的"固化"交往学习，是指班级内部的学习者交往学习结构，即大学学习者通过交往学习形成的在班级内部的角色关系，以及根据这种"固化"的角色关系采取的学习行为模式。从这个意义上讲，"固化"是将思想"去个人化"，发展并强化抽象思维的工具的过程（Wenger，1998）。例如，班级内部可能存在学生的小群体。其边界虽然不明显，但是可能十分严格。不同小群体之间很少发生交往学习行为，"局外人"难以进入到一个小群体中。通过"固化"，学习者识别并且赋予自己在班级中的身份。在某些情况下，学习群体的边界是由成员资格加以固化的。这些成员资格可以从包括头衔、服饰等标志物中分辨。在群体成员资格这方面，没有任何其他的力量能够干预。一个群体与其他群体之间的差异很大。

本研究测量班级的"固化"的交往学习能力，从而反映班级内部的学习者角色分布结构，并依此得出班级内部学习者的整体学习行为特征。要想实现这个目标，必须通过某种物质存在。在本研究中，这种物质存在就是学习者在学习群体中的地位。具体地说，本研究将学习者群体，也就是大学学习者所在的班级看作是一个交换网络，通过社会网络分析的方法，分析每个学习者在网络中的位置，即网络中心性，从而将学习者的交往学习能力以"固化"方式加以体现。本研究还将分析班级整体的交往学习能力与班级整体学习绩效的相关性。

二、职业认同的表征2：参与

参与是看待班级内部学习者交往学习模式的另一个角度。参与是在社会性过程中积极的投入，不仅包括参与者将"固化"的描述转化成具体化的表达，还包括参与者对其意义的重新建构。参与更多地体现交往学习的持续性和动态性，能够规避固化的内在僵化缺陷。因此，参与和固化一起，作为研究交往学习的主要理论依据。

有学者认为（Gommus & Hermans，2003）实践共同体中有多种类型的合法的周边参与。所有的"参与"从某种程度上都是"非参与"，因为参与者的身份不可能与学习群体的实践完全一致。即使是核心成员也不可能参与共同体所有的实践，或者不能完全参与某种实践。

参与能够体现班级内部学习者交往学习的选择。学习不仅通过学习者从事的活动得以体现，也通过学习者不从事的活动得以体现。例如，通过与不同类型的学习者的互动，我们能从他人的经验中了解到自己不是哪一类型的学习者，我们希望成为哪种类型的学习者，我们厌恶哪种类型的学习者，等等。因此，参与强调自己如何在社会场景中定位；关心什么，忽略什么；想要学习什么，选择放弃什么；与哪些学习者建立学习关系，回避哪些学习者；我们如何利用并且指挥自己的精力；我们如何掌控自己的学习轨迹，等等。

本研究分别通过定量研究方法和质性研究方法，描述大学学习者在班级内部的交往学习中的"固化"和"参与"模式，并据此得出相对静态的班级内部的学习者角色分布情况，以及相对动态的学习者学伴选择情况，成为提炼"班风"类型结论的实证依据。

第七章
研究总结与研究反思

在了解了汉语国际教育专业硕士研究生的职业认同这一问题的重要性以及职业认同形成的基本模式之后，我们有必要从学校的角度和培养单位相关方的角度考虑，我们应该做什么，促使学生早日形成职业认同。

第一节　研究总结

汉语国际教育专业的学生需要具备价值理性、沟通理性和工具理性三个层面的孔子学院本土化的职业认同和能力，才能有效承担志愿者教师的教学任务。孔子学院本土化过程就是孔子学院在价值理性、沟通理性和工具理性三个维度上实现组织文化本土化以及知识生产和传播本土化的过程，这里的"文化"概念是人类学和社会学层面上的意义，即在孔子学院这个实践共同体中的各个利益相关者分享一组特定的隐含的思想、规范、价值观以及外显的规范、政策、行为、活动等。组织文化为各个利益相关者提供认同感，也就是"我们是谁"以及"工作如何运行"两个层面的内涵。孔子学院本土化包括发展战略本土化、传播有效性的本土化、教学方法的本土化三个层面。受所在国社会结构和社会关系影响，孔子学院的教学本土化是全面呈现中国和世界各国之间超越冲突、矛盾，实现理解、对话的过程。这种过程是志愿者教师和学生之间、和外方院校之间、所在社区之间、所在国家文化之间的互动，是各方外显的规则、教学方法、课程和内隐的行为准则、价值观和看法交互协商的结果，具有意义不确定性，既不同于在中国环境下的汉语教学，也不同于目的地国原有的汉语教学，而是一种新的意义协商和创造，如图7－1所示。

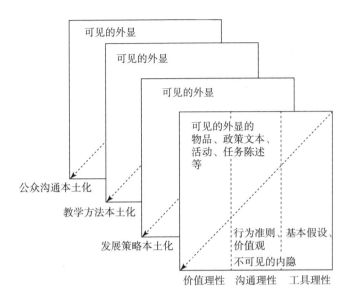

图 7-1 一种新的意义协商和创造过程

汉语国际教育硕士的职业认同，是一个在孔子学院本土化的视域中，由国家汉办、培养单位、孔子学院、学习者构成的实践共同体内完成的动态的学习过程和建构过程。汉语国际教育专业硕士的职业认同的发展包括以下三个阶段：一是在国内研究生培养单位，通过课程学习获得专业化知识的阶段；二是在国家汉办志愿者教师培训期间，获得汉语教师行为准则和价值观的阶段；三是在孔子学院教学实践中将已有知识和价值观结合，并通过与所在孔子学院的学习者的互动、协商和调整，形成本土化汉语教师职业能力的阶段。培养汉语国际教育专业硕士的职业认同，需要在孔子学院本土化的框架下，通过以上三个阶段在不同的实践共同体内完成，如图 7-2 所示。

在国内培养单位学习学科知识阶段，实践共同体是汉语国际教育专业学科领域，这个实践共同体是一个由教师、学习者群体、所在学科、学院、大学乃至汉语国际教育学术界构成的"学术共同体"。学生在这个群体内，以学生的身份了解如下内容："共同

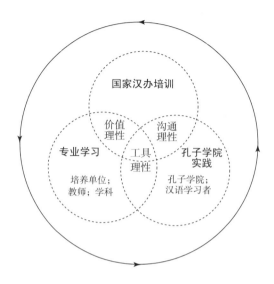

图7-2 汉语国际教育硕士"职业认同"培养理论框架

体"中有哪些人,他们在做什么,他们的日常生活是什么样的;熟手如何讲话,如何做研究,如何发表论文,如何生活等;建构汉语国际教育专业硕士的知识结构;在通过选拔考试获得派出资格后,个体以"准教师"的学习者身份进入汉办志愿者教师培训,了解汉语教师的思维方式、行为规范和道德责任规定、职业守则、国家汉办的规章制度等;与其他志愿者教师沟通,了解未来从事的行业的群体特征;在孔子学院教学实践阶段,个体以志愿者和汉语教师身份进入孔子学院的实践共同体,在陌生的文化和社会环境里,在熟手(中方院长、外方院长和留任资深汉语教师)的指导下,完成志愿者和汉语教师的双重身份认同。

对汉语国际教育专业硕士的个体学习者来说,其职业认同的建构是一个线性连续的过程,也是一个身份协商和不断转换的过程。从广义的周边参与来看,学徒逐渐地构建起对实践共同体的理解,包括实践共同体之外的人如何与其互动,其他的学习者在做什么,要成为完全意义上的成员需要做什么。包括与老成员如何合作、如何交流，喜欢什么，厌恶什么，尊敬什么，羡慕什么。"将学习看作是合法性周边参与的过程意味着，学习不仅是获得成员身份的条件，其自身就是一种形式的不断发展着的成员身份。"

当汉语国际教育专业硕士学生在高等教育实践环境中学习时，他们将通过其成员身份的参与、非参与以及与不同社区的边界和外围互动来形成职业认同。在这个过程中，他们将获得学科知识，发展非技术技能，提高在不同环境中应用他们的学习能力，并想象自己作为一个研究生和新手专业人士，发展对自我的理解，"从他们遇到的事物中构建职业的意义"（Billet&Somerville，2004）。这一过程将有助于他们清楚地了解专业标准、价值观、文化和道德行为，如何规划他们的职业生涯，并使他们了解与他们当前职位和预期职业立场相关的目的和意义。他们在身份形成的过程中，在高等教育领域内要有足够的指导，将学生转变为新手专业人士，或者使用不同的术语，使他们成为可以就业的毕业生，准备过渡到初级专业角色。

大学中的"班级"是一个实践共同体，因为其中的学习者共同从事一种活动，并且通过自然实践情境下的互动方式进行学习。大学学习是一种发生在学习群体内部的，通过学习者之间的交往行为实现的社会实践。学习的过程，就是学习者通过与他人的交往学习，构建自身在学习群体中的角色，认识他人在学习群体中的角色，形成对所在学习群体的归属感的过程。

汉语国际教育硕士研究生班级的"班风"与其内部学习者之间的交往学习行为的关系密不可分。本研究采用混合研究方法，对研究群体中两个班级的交往学习模式和班级整体交往学习能力进行了考察。从班级视角来看，学习者的交往学习行为，可以分为动态的参与和静态的固化两个方面。动态的参与过程，可以通过描述学习者的学习轨迹，即参与轨迹实现；静态的固化，可以通过描述学习者在学习群体中的位置实现。一方面，本研究运用社会网络分析方法，考察了静态的固化交往学习能力，学习者在交换网络中的位置，并分析了个体学习者和班级作为学习群体的交往学习能力与学习者学习绩效的关系；另一方面，本研究运用质性研究的方法，考察了学习者在学习群体中动态的参与交往学习行为。

本研究认为，汉语国际教育硕士研究生班级"班风"的形成机制分为内向机制与外向机制。受这两种机制影响，大学基本"班风"类型包括受"核心人物"作用的"内聚—资源整合型"班风和受"小集团"作用的"发散—资源均分型"班风。在教学管理中，对于具有"内聚—资源均整合型"班风的班级，教师需要特别关注"边缘型"学习者，使其融入班级学习共同体；在具有"发散—资源均分型"班风的班级中，教师需要重视"经纪人"学习者的作用，促进不同学习者"小集团"之间的交往学习。

如今的专业硕士教育很难与学术硕士教育区别开，仍然是基于教授传播知识为主的理论教育为主。教授是"舞台上的圣人"，负责传授、分析、综合、讲解无数知识、教义、技巧，但专业硕士教育涉及的职业经历、职业习惯等形成职业认同的知识，却仍没有专门的课程培养。以汉语国际教育硕士教育为例，学校面临的挑战不仅仅是从汉语国际教育学科发展的更广泛角度来看待学生的职业认同培养，更要从孔子学院等用人单位的实际需求出发，从更广泛的角度对学生负责。从本书第五章、第六章孔子学院产生的汉语国际教育的实践经验来看，"舞台上的圣人"这一角色并不适合汉语国际教育学科的教师。相反，教师可以尝试一种"侧面指导"的教学方法。这种方法支持每一个学生在入学时都能够最充分地探索自己的学习目的。专业教育的作用应该是指导和在身份形成过程中支持学习者，而不是确保学习者理解所在学科的专业性并展示其专业行为。学生需要在有利于形成职业的共同价值观、信仰和行为的环境中积极参与，需要鼓励学生形成自己的职业认同感，并在这个过程中不断自我反思。与其给学生灌输书本上已有的理论，或者是长篇大论地宣传自己的新研究结果，不如采取"教练"或者是"指导"的方式，将职业认同的理念带到个人层面，为学生提供支持，并利用其变化的心理潜力进行"量身定制"的援助。这种"教练"方式是贯穿"学徒制"的练习方式，包括在实践任务中引导学习者，提供持续的建议和反馈，构建任务和活动，提供额外的挑战或问题等。教师要根据学习者的理解来解释活动和背景知识，并提供如何、何时以及为何继续进行其他指导的信息。教师同时要识别学习者思维中的错误、误解或错误推理，并帮助纠正这些错误。教师的主要作用是：

（1）介绍广泛的汉语国际教育教师角色，提供各种技能以及学生需要建立的能力；

（2）确定实地教育的明确背景和时间框架，可以选择孔子学院、汉语学校或者相关的社会服务机构；

（3）提供给学生与其他经验丰富的汉语教师共事或者是观察其教学的经历；

（4）由校方、学生家长、学生代表、孔子学院所在地的校方、当地学习者等组成的咨询小组；

（5）对具体教学情境的反思写出文章，定期阅读学科相关专题的研究论文；

（6）与学科带头人和其他工作人员召开教学会议；

（7）以班级为单位建立同伴反思组，为难以建立职业认同的学生提供支持，并提出建设性的意见。

本研究认为，如果教育课程或者实践不能为汉语国际教育专业硕士尽早形成职业认同提供依据，那么这种教育就是不完整的。

整合研究和教学培训，教学实践辅导和早期职业支持都是非常重要的。尽管如此，关于如何更好地为汉语国际教育专业硕士的职业生涯做好准备的基础教育理论研究十分匮乏。本研究基于实证，讨论了在班级中和在孔子学院实践工作中形成职业认同的两个个案，并提出了职业认同形成的理论框架。当汉语国际教育硕士通过分离的手段接受教育时，教学和理论的割裂可能妨碍他们形成独特的职业认同。本研究认为，培养汉语国际教育专业硕士的职业认同，重要的是为学生提供真实的经验和理解他们角色的情境。也可以这样解释，孔子学院的汉语志愿者教师的真实经历能够成功地为汉语国际教育专业硕士生的职业生涯做好准备。

图7-3为实践共同体模式下的汉语国际教育专业硕士人才培养模式。

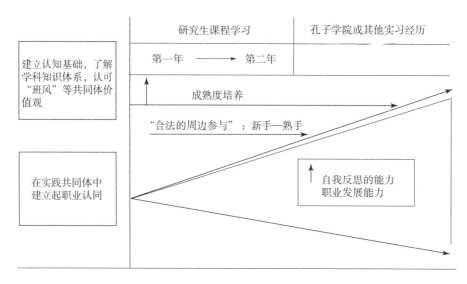

图7-3 实践共同体模式下的汉语国际教育专业硕士人才培养模式

在国内培养单位学习学科知识阶段，实践共同体是汉语国际教育专业学科领域，这个实践共同体是一个由教师、学习者群体、所在学科、学院、大学乃至汉语国际教育学术界构成的学术共同

体。学生在这个群体内,以学生的身份了解如下内容:

(1) 共同体中有哪些人,他们在做什么,他们的日常生活是什么样的。

(2) 熟手如何讲话,如何做研究,如何发表论文,如何生活等。

(3) 建构汉语国际教育专业硕士的知识结构。

(4) 在通过选拔考试获得派出资格后,个体以"准教师"的学习者身份进入国家汉办志愿者教师培训班,了解汉语教师的思维方式、行为规范和道德责任规定、职业守则,以及国家汉办的规章制度等。

(5) 与其他志愿者教师沟通,了解未来从事的行业的群体特征。

在孔子学院教学实践阶段,个体以志愿者和汉语教师身份进入孔子学院的实践共同体,在陌生的文化和社会环境里,在熟手(中方院长、外方院长和留任资深汉语教师)的指导下,完成志愿者和汉语教师的双重身份认同。

第二节 研究者反思

21世纪初,中国的大国地位及其国际经济和政治权力逐渐巩固。从芯片到高铁,"中国制造"的标签在世界各个角落都能找到。中国在全球政治和文化事务中的作用越来越重要,也越来越明显,2008年北京成功举办奥运会只是这种影响的一个例证。中国的文化产品、思想、习俗和习惯,随着中国经济的发展,正在世界各地被人们接受、理解和熟悉。中国文化以其充满活力的、与时俱进的新姿态与全球文化进行深度的融合和互动。与此同时,这种互动又是复杂而深刻的。世界各国对中国文学、哲学、电影、武术等文化的兴趣比以往任何时候都更加明显,世界各国大量出版中国文化的书籍,来自英语国家的稳步增加的留学生人数,孔子学院的大幅度增长的趋势,无一不是中国文化传播良好趋势的例证。据国家汉办粗略估算,目前除中国(含港澳台地区)之外,全球学习使用汉语的人数已超过1亿人,其中包括6 000多万海外华人华侨,以及4 000多万各国主流社会的汉语学习和使用者。

作为中国文化海外传播的排头兵,孔子学院受到质疑并不奇怪。虽然大多数国家的政府和教育系统都在强调"民族文化",事实上,文化是不停变化的。在过去的100年里,中国的文化发生了根本性变化,产生了引人入胜的现代文化,这些充满活力和多样性的文化是在中国与其他国家文化的互动和碰撞中产生的。

一、孔子学院本土化:讲好中国故事

孔子学院的本土化,通过四种生产传播知识的模式实现:社会化,即从隐性文化到隐性知识的转化;外化,即从隐性知识到显性知识的转化;结合,显性知识之间的叠加;内化,即从显性知识到隐性知识的转化。

孔子学院的本土化一般经历三个阶段:

第一个阶段,是孔子学院过去10余年跨越式发展阶段。在这个阶段,知识的生产和传播方式是以显性知识的叠加为主;此阶段孔子学院中心化的特征与当地文化之间会产生冲突和矛盾,从而产生孔子学院本土化的需求。

第二个阶段,是在孔子学院本土化需求驱动下,产生的本土文化与中华文化、外方大学学术与管理人员和中方学术与管理人员的对话—协商阶段。此阶段知识的生产有两种形式,即外化和结合。知识的外化是指隐性知识被认知,并以隐喻、类比或者模型的方式外显的过程。例如,从2010至今,《人民日报》《环球时报》《中国报道》、新闻网、光明网、新华网、人民政协网等国内主要传播媒体关于孔子学院的500余篇报道中可以发现，在媒体为介质的传播过程中，隐喻式论断是一个重要特征。以对孔子学院总部前总干事许琳女士的访谈为例，访谈中出现多达60余次隐喻式论断。这些论断涉及孔子学院的意义、功能、管理人员的工作状态、教师队伍的工作情况、未来的工作任务等多个方面。在回应外界对孔子学院的质疑时，许琳女士也使用了多种形式的隐喻，以达成在共同文化基础上与读者的充分共识。例如，"大虾酥""中国读本"等实体隐喻。以下是许琳访谈的摘录。

孔子学院是一个非常综合的"大虾酥"，里面有面粉味，有奶油味，什么都有，你都得做。

每个汉语老师出去都是一个生动的"中国读本"。在世界各地，特别是拉美、非洲地区外国大学的学生、中学的学生通过孔子学院和孔子课堂，通过中国老师认识到，原来中国人和我们差不多，原来中国人的喜怒哀乐是这样的。中国人有这么多好的优良作风和优良传统，这就消除了很多媒体凭空甚至是捏造的一些所谓的事实。我们的志愿者就是一个读本，就是一个形象。

（自己）是一个"蜘蛛超人"，能够把孔子学院在全球布张网。

中国的和谐理念在政治多极化的今天越来越有用，是解决争端的钥匙。

孔子学院在阳光与风雨中走过10年，这棵小幼苗将长成参天大树，成为中国文化的自豪。

孔子学院这个名字，在国际文化交流交融中绽放出中国文化的光芒，凝聚了"最大公约数"。10年来国家对孔子学院的投入，其中60%用于支付教师与志愿者工资，而且外方学校的投入占相当大的比例。积淀着中华优秀传统文化基因的孔子学院，是在修建"心灵高铁"，其路漫漫。

中国的经济发展一定有文化的因素。世界各地的人们渴望了解中国文化，也需要一个路径来了解中国。就像"脚"和"鞋"的关系一样，外国人需要了解中国文化，而对于中国来说，自家很美丽的"鞋"原来只是摆在货架上，只有自己欣赏，别人并不了解。现在，通过孔子学院的平台，"鞋"和"脚"找到了搭配的渠道，并且能够在磨合中逐渐相互适应。

希望孔子学院是一个"搅拌机"。如果一个鸡蛋打到碗里，你如果不搅和的话，蛋黄还是蛋黄，蛋清还是蛋清，你拿筷子这么一搅就融合了。我们愿意起到这个"搅拌"的作用，在这个"搅拌"的力度上，或者是"搅拌"的均匀上我们要向歌德学院和塞万提斯学院学习，学习他们很好的经验，使我们"搅拌"得更加快，更加均匀。

再如用方向表示行为、精神状态的方位隐喻，形象地表达了孔子学院作为体现中国软实力的新生事物，在面对纷繁的国际形势时，采取主动反应的策略，这也与10年间孔子学院虽然屡遭质疑，但是从未停顿前进的脚步的事实吻合。

国际大局就是有人围剿我们，想抑制中国的发展。要破这个局，我们就必须走出去。

在孔子学院发展过程中，必然会经历风吹浪打，可能会出现暂时的萎缩甚至倒退，但是孔子学院代表着人类追求世界和平的美好愿望。

我们披着中华文化光环走进这一座座城市，走进人们心里。

又如基于一个概念的逻辑框架树立起另一个概念的逻辑框架的结构隐喻。

孔子学院相比经济来说它是一个乡镇企业，就是三分天下其一是我，我们就很知足了。孔子学院可能也有乡镇企业的情况，你得允许它有退出的，有倒闭的，也有进入的。

要不断面对孔子学院"洋支教""大跃进"、花这么多钱值不值的质疑。

文化传播者必定是苦行僧。国际汉语教学好比在沼泽地里跋涉，往后看，留不下脚印；往前看，迷雾茫茫。

结构隐喻中，以战争隐喻实例为最多。

我们像突击队一样，先出去了，后面的人还没有跟上来。

我们愿意做一支舟桥部队，愿意做一道铁轨，让中华文化从我们的孔子学院走出去，走得更好。

派老师出去，"空降"到国外单兵作战，在这个过程中有痛苦、有磨合。深入各国主流社会汉语教学一线，单兵作战、摸爬滚打，必须学会话语转换，克服文化差异。

10年以来，我们都是走马灯抓壮丁一样似的、天女散花一样的培训，没有一个规范的、系统的、正规的培训，我们应该有我们的"黄埔军校"，我们应该有轮训人员的场所。

孔子学院在德国就遭遇过激烈的"围剿"。

孔子学院总部工作团队被称为一支"疯狂的部队"，由于时差原因，大家经常要工作到深夜。面对全球"汉语热"，这样的"疯狂"将坚持下去。

中国实际上并不是妖魔鬼怪，对他们并没有敌意。

知识的结合是指不同参与者的外显知识通过对话、会议和书面形式叠加从而增长的过程。

第三个阶段是孔子学院本土化的成熟阶段。此阶段的知识生产以内化为主。即属于组织的外显知识转化为属于个人的隐性知识,即组织中的各个成员能够通过共享的心智模型或者工作经历,或者是重新经历其他成员的体验,从而将组织的外显知识内化成个人的隐性知识的过程。孔子学院本土化过程是中华文化知识与当地文化知识经由中外文化共同体的研发、传播和再创造的过程。

二、"实践共同体"模式对专业硕士人才培养的参考价值

专业学位的目的是培养具有扎实理论基础,并适应特定行业或职业实际工作需要的应用型高层次专门人才。与学术型学位相比,专业学位以专业实践为导向,重视实践和应用,培养在专业和专门技术上受到正规的、高水平训练的高层次人才。专业硕士与学术硕士在培养目标、培养方式、学制等方面均有显著差异。

因此,提高专业硕士的人才培养质量,实现对专业硕士知识结构的顶层设计比传递知识更为重要。

首先,这是由世界经济全球化的现实决定的。商品、技术、信息、服务、货币、人员等生产要素的跨国、跨地区的流动把全世界连接成为一个统一的大市场,中国产业结构的转型升级导致各行业对高度"职业化"的专业人力资本的需求。西方企业强调的职业化素养、职业化行为规范和职业化技能三个方面的职业化核心内容,也越来越成为专业硕士毕业生必备的要件。

其次,这是由知识经济的需求决定的。全球化时代,知识的生产和传播已经不受时间和空间的限制,而是由人类行动和人与人之间的关系决定的动态过程。传统的知识体系的边界及其基础都不再清晰,大学面临着前所未有的挑战。知识需要与全球性社会结构、关系体系和制度规则系统相适应;知识创新的类型、种类、标准不再仅由大学制定,而是由各个利益相关者,或者是知识的消费者共同制定。大学在社会中的定位已经发生变化,不仅仅是

生产知识，更需要迅速回应并引领知识产品及其认知结构的变化。

由于科学知识生产已经由传统的单一模式转为应用导向、跨学科导向、异质性互动导向、实践性反思导向以及多维评价导向的生产模式。大学的发展需要模式Ⅰ和模式Ⅱ两种生产模式的强强联合，要"学科语境"与"跨学科语境"并重，处理好"专精"与"通博"的关系；要"学术语境"与"应用语境"并重，处理好"象牙塔"与"服务站"的关系；要"学术使命"与"社会责任"并重，处理好"使命"与"责任"的关系。大学需要与其他国家和地区决策者、国际团体和当地社区合作，更好地了解并传播不同形式的知识以及理解和行动之间的价值和联系，而不仅仅是在知识的单一生产过程中付出努力。因此，大学需要承担知识"经纪人"和知识"交流者"的角色。这意味着大学需要重新审视其愿景和使命，审视学科内部和学科之间的体制结构的转变以及知识生成和传播方式的新方法。社区—大学的合作伙伴关系模式、实践共同体模式提供了将基于学术和实践者的知识汇集在一起的机制。

为什么"实践共同体"模式对汉语国际教育专业硕士人才培养很重要？至少有以下三个原因：第一，它有助于大学和其他高等教育机构实现其社会服务的第三使命；第二，它培养学生的社会责任能力；第三，它为以校园为中心的专业硕士学习增添了价值，扩展了学习的边界。在这种模式下，汉语国际教育专业硕士毕业生能够运用所学知识在组织结构内外工作，并且具备与不同部门和不同学科背景以及不同文化背景的人一起工作的能力。他们需要了解本国和其他国家的法律法规和政策，树立作为全球公民和国家公民的责任感。所有这些都需要体现在大学提供的课程及其教学法之中。学习者需要找到探索自己价值观的空间。大学要为汉语国际教育专业硕士提供批评和反思的空间，提供将其与其他形式的知识和其他类型的专业知识进行比较的空间。在未来的高等教育中，我们需要找到创新的方法，用更少的资源做更多事情。

"实践共同体"人才培养模式对培养汉语国际教育专业硕士生有何意义？

首先，它可以通过提高学生对周围世界的认识来拓宽学生的视野；可以提高学生的社会自我效能，即他们相信自己可以有所作为；可以为某些科目（特别是社会科学）提供材料来源，并有机会应用在校园内的学习中（本研究的汉语国际教育专业硕士学生在孔子学院的文化实践活动就是一个典型事例）；可以提高学生的就业能力，例如，培养他们的团队合作技能和沟通技巧，还可以为学生提供职业资格证书证明他们具备汉语国际教学的就业技能；可以提高学生的学习成绩，这一点已经由本研究的"班风"部分研究证明；可以提供更多的学习机会，包括学生对自己的优势和价值观的了解；可以提供一种使学生扩大反思思维和反思性学习的能力，即掌握经验教训的能力，这是终身学习能力的关键部分。

其次，"实践共同体"模式能够提升学生的职业认同。职业认同是一种将自己视为专业团体的一员并为专业角色做准备的动态过程。汉语国际教育专业硕士生逐渐建立职业认同的机制是"合法的周边参与"行为。获得职业认同本质上是主观的过程，是接受职业角色的责任和义务的先决条件，也是培养学生择业和培养成为合格专业人员的信心的关键（Stockhausen，2005），这是专业化的必要基础。从进入汉语国际教育专业硕士课程学习开始，其职业认同构建就开始了。他们先后获得学生、研究者和从业者的身份，最终对自己选择的专业有强烈的归属感。职业认同是一个逐步发展的过程，包括在"实践共同体"中通过与他人的互动进行课程学习、实践，构建一个代表"完全整合的道德自我，即个人和职业价值观完全融合并始终如一的身份"。

最后，"实践共同体"模式突破了以往"教育者"与"学习者"之间的传统界限，在孔子学院的教学和文化活动实践中引入"共同体"思想，以共同体成员之间的助学关系以及相互作用机制来重新审视汉语国际教育专业硕士个体发展以及志愿者教师群体专业发展之间的关系。

以汉语国际教育专业硕士学生为例，具体来说，首先应建立学校、用人单位、所在学校研究生培养与职业规范化培训相衔接的机制。其次应整合学位课程，改革教学方式和考核标准及内容，设立和采用学术论文、科研与实践、自主创业或独立承担课题、专利及软件著作权、课外作品竞赛、专业作品创作、职业资格证书等各种方式，为提升汉语国际教育专业硕士学术能力、实践能力、创业能力和职业能力等提供平台、创造条件。孔子学院本土化视角下的汉语国际教育专业硕士的"实践共同体"模式，从职业特征和需求出发设计专业硕士的知识结构和实践，可以作为专业硕士职业认同培养的参考。

本研究提供了"班级"和"孔子学院本土化文化活动实践"对汉语国际教育专业硕士职业认同形成的影响，作为一个新颖的角度，为专业硕士人才培养提供了一些参考。研究的局限性在于样本少，且受研究者能力所限。关于研究生班级"班风"形成机制、特点的探索仅仅限于从班级内部的学习者"交往学习"入手，尚不够深入。未来的研究可以采用更大的研究样本，在更多专业领域进行实证调查。关于汉语国际教育硕士的"交往学习"关系，还可以做深入探讨。关于班级"学习共同体"的建设，未来研究可以在真实教学环境中进行。

本研究的局限性体现在以下几个方面。首先，汉语国际教育硕士研究生群体样本不是随机抽样。虽然选取的大学对于汉语国际教育专业硕士群体具有一定代表性（文科语言类、招生时间久、

"211工程"高校），但是仍难以避免研究过度泛化、样本相对较少的问题。由于此研究不考虑影响学生形成职业认同的个体心理因素，部分学生的个人数据并不完整，因此可能限制分析学生的看法的能力。此外，这项研究在"前职业认同"的班级研究部分和"职业认同"的孔子学院教学实践部分没有选取同一个学生群体作为样本，可能会由于两部分个体的差异导致结果的偏差。其次，研究者的教师身份导致研究者本身也是"局内人"，这种局限在质性研究的访谈和结论提炼过程中有比较突出的体现。

参考文献

中文参考文献

[1] 安然,许萌萌. 美国芝加哥大学停办孔子学院新闻话语分析 [J]. 对外传播,2015(2):43-45.

[2] 包水梅,顾怀强. 专业学位研究生教育——跨越式发展背后的尴尬及其化解 [J]. 中国高教研究,2011(9):41-45.

[3] 曹俊杰. 专业硕士学位教育发展的国际经验及其启示 [J]. 研究生教育研究,2011(3):90-95.

[4] 曹珊. 知识生产模式转型与中国高等教育的改革 [J]. 牡丹江师范学院学报(哲学社会科学版),2014(1):140-142.

[5] 陈洪捷. 中国高等教育的转型与启示 [R]. 世纪大讲堂,2009-05-05.

[6] 陈洪捷. 知识生产模式的转变与博士质量的危机 [J]. 高等教育研究,2010(1):57-63.

[7] 陈相雨,侯波,姜俊玲. 大学生班级文化的构建:概念、方式与原则——对一项个案的研究 [J]. 教育研究,2009(10):213-214.

[8] 陈佑清. 交往学习论 [J]. 高等教育研究,2005(2):22-

26.

[9] 初晓磊．高校班级文化建设研究［D］．大连：大连理工大学，2008．

[10] 大卫·马什，格里·斯托克．政治科学的理论与方法［M］．景跃进，等，译．北京：中国人民大学出版社，2006．

[11] 董璐．孔子学院与歌德学院：不同理念下的跨文化传播［J］．国际关系学院学报，2011（4）：101－107．

[12] 杜威．民主主义与教育［M］．王承绪，译．2版．北京：人民教育出版社，2001．

[13] 斐迪南·滕尼斯．共同体与社会［M］．北京：商务印书馆，1999．

[14] 方超．研究生人力资本的经济增长贡献率测算——基于1996－2013年我国省级面板数据的实证研究［J］．现代教育管理，2017（6）：118－123．

[15] 冯韬，周子渊．学院式公共外交中的国家形象传播研究—以柬埔寨王家学院孔子学院为视点［J］．雪莲，2015年17期：33－35．

[16] 付京香．孔子学院的文化传播及其文化外交作用［J］．现代传播（中国传媒大学学报），2013年09期：143－144．

[17] 顾丹．浅析美国媒体对中国的负面报道［J］．佳木斯职业学院学报，2012（2）：395－396．

[18] 国家汉办网站，2019．http：//www.hanban.org/confuciousinstitutes/node_10961.htm．

[19] 国家教育委员会．培养工程类型硕士生的建议［R］．1984－11．

[20] 国家教育委员会．关于改进和加强研究生工作的通知［S］．1986－12－10．

[21] 国家教育委员会．中外合作办学暂行规定［S］．1995-01-26．

[22] 高一虹．想象共同体与语言学习［J］．中国外语，2007（4）：47-52．

[23] 高一虹，周燕．二语习得社会心理研究：心理学派与社会文化学派［J］．外语学刊，2009（1）：123-128．

[24] 耿有权．试论中国特色世界一流大学［J］．研究生教育研究，2016（1）：1-6．

[25] 龚群．回归共同体主义与拯救德性——现代德性伦理学评价［J］．哲学动态，1998（6）：43-45．

[26] 国务院学位委员会．关于下达《汉语国际教育硕士专业学位设置方案》的通知［S］，2007-03-30．

[27] 国家中长期教育改革和发展规划纲要工作小组办公室．国家中长期人才发展规划纲要（2010—2020年）［S］．2010-03-02．

[28] 哈贝马斯．交往行为理论（第一卷）：行为合理性与社会合理化［M］．曹卫东，译．上海：上海人民出版社，2004．

[29] 韩益凤．知识生产模式变迁与研究型大学改革之道［J］．高教探索，2014（4）：22-30．

[30] 郝平．中国教育的改革发展与对外开放［R］．第十一届孔子学院大会，2016-12-11．

[31] 杰勒德·德兰迪．知识社会中的大学［M］．北京：北京大学出版社，2010．

[32] 黄宝印．适应发展新常态 全面深化研究生教育改革全面提高研究生教育质量［J］．学位与研究生教育，2015（12）：1-6．

[33] 黄欣荣．复杂性科学研究方法论纲［J］．科学技术与辩证

法，2006（1）：32-36.

[34] 胡必亮．关系共同体［M］．北京：人民出版社，2005.

[35] 胡航，任友群．移动学习共同体透视：合法的周边参与多重视角［J］．现代远程教育研究，2006（5）：11-15.

[36] 教育部．我国公派出国留学及来华留学工作有关情况［R］．2006-01-05.

[37] 教育部，外交部，财政部，公安部，人力资源社会保障部．2015—2017年留学工作行动计划［R］．2016.

[38] 教育部，人力资源社会保障部，关于深入推进专业学位研究生培养模式改革的意见［S］．2013-11-04.

[39] 教育部．专业学位研究生教育综合改革试点验收报告［R］．2013-04-25.

[40] 教育部．关于设置和试办教育硕士专业学位的报告等四篇报告［R］1990-10-05.

[41] 教育部，国务院学位委员会．学位与研究生教育发展"十三五"规划［S］．2017-01-20.

[42] 教育部、外交部、财政部、公安部、人力资源社会保障部，2015-2017年留学工作行动计划［S］．2015-07-23.

[43] 教育部，中国政府奖学金年度评审办法［S］．2000-04-26.

[44] 教育部．2017年全国教育事业发展统计公报［S］．教育部网站，2019.

[45] 吉本斯．知识生产的新模式．当代社会科学与研究的动力学［M］．陈洪捷等，译．北京：北京大学出版社，2011.

[46] 蒋逸民．新的知识生产模式对大学教学和科研的影响［J］．中国高教研究，2010（2）：16-19.

[47] 杰勒德·德兰迪．知识社会中的大学［M］．黄建如，译．北京：北京大学出版社，2010.

[48] 克鲁普斯卡娅. 克鲁普斯卡娅教育文选［M］. 北京：人民教育出版社，1959.

[49] Lakoff G. & Johnson M. 我们赖以生存的譬喻［M］. 周世箴，译. 台北：联经出版，2006.

[50] Lave J. & Wenger E. 情景学习：合法的边缘性参与［M］. 王文静，译. 上海：华东师范大学出版社，2004.

[51] 乐莉. 第二语言习得过程中优秀语言学习者的学习策略研究［J］. 黑龙江高教研究，2004（7）：149－151.

[52] 理查德·詹金斯. 社会认同［M］. 台北：巨流图书公司，2006.

[53] 李佳，胡晓慧. 孔子学院发展和对外汉语教材本土化进程中的问题和对策［J］. 中国出版，2013（11）：31－35.

[54] 李军. 管理学基础［M］. 北京：清华大学出版社，2006.

[55] 李红秀. 非洲孔子学院建设与汉语文化传播［J］. 中华文化论坛，2015（1）：111－117.

[56] 励哲蔚. 非英语专业大学生英语学习观念调查［J］. 外语教学，2007（5）：49－54.

[57] 梁其健. 教育硕士专业学位师资队伍应具备的整体结构——兼论教育专业硕士与学科硕士培养标准的异同［J］. 华中师范大学学报（人文社会科学版），2003（2）：136－144.

[58] 廖湘阳，周文辉. 中国专业学位硕士研究生教育发展反思［J］. 清华大学教育研究，2017（3）：102－110.

[59] 林雪. 孔子学院的海外镜像——基于国外媒体报道而对孔子学院运作情况进行的考察［D］. 上海：复旦大学，2012.

[60] 刘程，安然. 意识形态下的新闻图式：英国主流媒体对孔子学院的"选择性误读"［J］. 新闻界，2014（6）：32－39.

[61] 刘程，安然. 孔子学院传播研究［M］. 北京：中国社会科学

出版社，2012.

[62] 刘春花. 论学生的"学习者"角色及其实现［J］. 黑龙江教育研究，2008（1）：130-133.

[63] 刘军. 整体网分析讲义——UCINET 软件应用指南［M］. 上海：上海人民出版社，2009.

[64] 刘铁梅. 学习风格、教学风格与外语学习成绩的相关研究［J］. 华南理工大学学报（社科版），2011（1）：96-102.

[65] 刘学惠. 外语教师教育研究综述［J］. 外语教学与研究，2005（37）：211-217.

[66] 刘延东. 开创新时代孔子学院发展新局面，为构建人类共同体作出贡献［R］. 全国孔子学院工作座谈会，2017-12-11.

[67] 刘延东. 在第十届全球孔子学院大会开幕式上的讲话［R］. 2015-12-06.

[68] 刘永兵. 西方二语习得理论研究的两种认识论取向——对我国外语研究的启示［J］. 东北师大学报（哲学社会科学版），2010（4）：86-92.

[69] 刘志洋. 泰勒论自由［D］. 台湾："中山大学"政治学研究所，2007.

[70] 龙君伟，曾先. 论同辈学习环境及其作用机制［J］. 教育理论与实践，2004（12）：48-51.

[71] 龙藜. 国际化背景下孔子学院汉语教学中的问题及对策分析［J］. 国家教育行政学院学报，2016（2）：31-35.

[72] 陆根书，杨兆芳. 大学数学课堂学习环境特征分析［J］. 高等理科教育，2010（4）：8-23.

[73] 陆根书. 大学生感知的课堂学习环境对其学习方式的影响［J］. 复旦教育论坛，2010（8）：34-46.

[74] 罗家德. 社会网络分析讲义 [M]. 北京：社会科学文献出版社，2005.

[75] 吕明. 美国孔子学院教师教学本土化的调查及培训策略 [J]. 延边大学学报（社会科学版），2014 年第 5 期：108 - 111.

[76] 罗伯特·M·赫钦斯. 美国高等教育 [M]. 汪利兵译. 浙江教育出版社. 2001 年 12 月.

[77] 吕叔湘，丁声树主编. 现代汉语词典（第七版）[Z]. 商务印书馆，2016 年 9 月.

[78] 马广惠. 学习动机和努力程度对外语学习绩效的影响 [J]. 解放军外国语学院学报，2005（4）：37 - 41.

[79] 马卡连柯. 马卡连柯教育文集 [M]. 北京：人民教育出版社，2005.

[80] 马克思，恩格斯. 马克思恩格斯全集（第 42 卷）[M]. 北京：人民出版社，1979.

[81] 马克思·韦伯. 经济与社会 [M]. 林荣远，译. 商务印书馆，1996.

[82] 迈克尔·吉本斯. 知识生产的新模式：当代社会科学与研究的动力学 [M]. 北京：北京大学出版社，2011.

[83] Martin Kilduff. 社会网络与组织 [M]. 蔡文彬，等，译. 北京：中国人民大学出版社，2007.

[84] 毛景焕. 班级作为一个共同体：成员的相互平等和资源共享 [J]. 教育研究与实验，2003（2）：24 - 28.

[85] 苗福光. 土耳其汉学研究与孔子学院发展现状 [J]. 阿拉伯世界研究，2014（2）：111 - 120.

[86] 迈克尔·吉本斯等. 知识生产的新模式：当代社会科学与研究的动力学 [M]. 陈洪捷，沈文钦等译. 北京大学出版社. 2011 年 8 月.

[87] 彭飞，于晓．英国主流媒体报道中的孔子学院形象与话语体系［J］．学术探索，2016，(11)：112-119.

[88] 彭建刚，周鸿卫，周行健．金融学专业硕士研究生培养模式改革探索［J］．学位与研究生教育，2006 (2)：26-28.

[89] 片冈德雄．班级社会学［M］．北京：北京教育出版社，1993.

[90] 秦秀白，吴古华．发挥理工院校的办学优势，努力培养复合型的英语专业人才——理工院校英语专业办学模式综述［J］．外语界，1999 (4)：10-14.

[91] 秦秀白．理工院校英语专业应该加强学科建设［J］．外语界，2006 (1)：2-6.

[92] 渠莎莎．框架理论下中美媒体关于孔子学院报道的比较研究［D］．重庆：西南政法大学，2013.

[93] 屈智勇．国外课堂环境研究的发展概况［J］．外国教育研究，2002 (7)：21-25.

[94] S·沙伦等．合作学习论［J］．当代教育科学，1996 (5)：59-62.

[95] 谭殷．孔子学院在美发展受阻原因研究［D］．重庆：四川外国语大学，2014.

[96] 王玲．我国全日制专业硕士教育质量保障机制构想［J］．学位与研究生教育，2012 (12)：20-25.

[97] 王陆：虚拟学习社区的社会网络结构研究［D］．兰州：西北师范大学，2009.

[98] 王战军．中国学位与研究生教育四十年（1978—2017）［M］．北京：中国科学技术出版社，2018.

[99] 王战军．中国研究生教育质量报告［M］．北京：中国科学技术出版社，2018.

[100] 魏钧，陈中原，张勉．组织身份的基础理论、测量及相关

变量[J]. 心理科学进展，2007（15）：948-955.

[101] 文东茅、沈文钦. 知识生产的模式Ⅱ与教育研究—北京大学教育学院的案例分析[J]. 北京大学教育评论；2010（4）：65-74+189.

[102] 文秋芳. 英语学习成功者与不成功者在方法上的差异[J]. 外语教学与研究，1995（3）：6-166.

[103] 文秋芳. 传统和非传统学习方法和英语成绩的关系[J]. 现代外语，1996（1）：37-43.

[104] 文秋芳. 英语学习者动机、观念、策略的变化规律与特点[J]. 外语教学与研究，2001（2）：105-110+160.

[105] 文秋芳，王立非. 二语习得研究方法35年：回顾与思考[J]. 外国语，2004（4）：18-25.

[106] 文喆. 要把学生差异当作教育资源[J]. 教育科学研究，2002（5）：1.

[107] 武和平. 九十年代外语/二语学习动机研究述略[J]. 外语教学与研究，2001（2）：116-121.

[108] 吴海燕，彭建玲. 汉语国际教育专业本科生海外实习教学监控模式研究[J]. 语文学刊，2015（3）：115-117.

[109] 吴康宁. 论作为特殊社会组织的班级[J]. 教育理论与实践，1994（2）：10-13.

[110] 吴康宁. 教育社会学[M]. 北京：人民教育出版社，1998.

[111] 吴康宁. 教育社会学视野中的班级：事实分析及其价值选择—兼与谢维和教授商榷[J]. 教育研究，1999（7）：42-48+52.

[112] 吴立德. 班级社会学概论[M]. 成都：四川大学出版社，1996.

[113] 习近平. 2014年5月考察北京大学时的讲话：遵循教育规律

扎根中国大地　努力办出中国的世界一流大学 [R]. 2014 - 05 - 05.

[114] 肖川. 论教学与交往 [J]. 教育研究, 1999 (2): 58 - 62.

[115] 谢维和. 班级: 社会组织还是初级群体 [J]. 教育研究, 1998 (11): 19 - 24.

[116] 谢维和. 论班级活动中的管理主义倾向 [J]. 教育研究, 2000 (6).

[117] 谢延龙. 中国学位与研究生教育30年: 历程、成就和管理 [J]. 中国高教研究, 2008 (6): 22 - 24.

[118] 邢清清. 隐喻式二语习得研究探析 [J]. 外语与外语教学, 2009 (4): 27 - 30.

[119] 邢清清. 专业认同理论与二语习得研究 [J]. 教育评论, 2009 (2): 96 - 98.

[120] 邢清清. 外语学习研究方法的理论分析 [J]. 教育学术月刊, 2009 (3): 17 - 20.

[121] 许陈生, 王永红. 孔子学院对中国对外直接投资的影响研究 [J]. 国际商务 (对外经济贸易大学学报), 2016年02期: 58 - 68.

[122] 许萌萌. 海外华文媒体孔子学院报道研究 [D]. 2015. 华南理工大学.

[123] 薛天祥. 中国学位与研究生教育的历史、现状和发展趋势 [J]. 国家教育行政学院学报, 2005 (7): 27 - 32.

[124] 亚里士多德. 政治学 [M]. 台北: 知书房出版集团, 2003.

[125] 杨鹏. 网络文化与青年 [M]. 北京: 清华大学出版社, 2006.

[126] 姚涵. 意大利媒体对孔子学院的报道 (2006 - 2015) [D]. 山东大学, 2016.

[127] 姚孝军，陈静，杨亚敏．英语学习者学习方法研究：基于教育心理学视角［J］．外语与外语教学，2010（2）：30-34.

[128] 姚孝军．优秀英语学习者英语学习经验调查：基于Q法的文本分析［J］．解放军外国语学院学报，2009（1）：50-55.

[129] 姚孝军，陈静，杨亚敏．英语学习者学习风格的实证研究［J］．外语界，2010（3）：43-50.

[130] 叶澜．教育概论［M］．北京：人民教育出版社，2006．

[131] 尹静，马世超．高校组织气氛、学生学习状态、学业成就相关研究［J］．中国健康心理学杂志，2009（1）：38-41.

[132] 俞国良．学校文化新论［M］．长沙：湖南教育出版社，1999．

[133] 俞可平．社群主义（修订版）［M］．北京：中国社会科学出版社，2005．

[134] 宛新政．孔子学院与海外汉语师资的本土化建设［J］．云南师范大学学报（对外汉语教学与研究版），2009年第1期：27-31.

[135] 岳昌君．定量研究方法在教育经济学中的应用［J］．中国高教研究，2016（1）：77-82.

[136] 詹海玉．"一带一路"背景下的孔子学院发展策略探讨［J］．河北师范大学学报（教育科学版），2017年06期：121-128.

[137] 赵健．学习共同体——关于学习的社会文化分析［M］．上海：华东师范大学出版社，2006．

[138] 赵金铭．孔子学院汉语教学现状与教学前景［J］．华南师范大学学报（社会科学版），2014（10）：67-72+162.

[139] 赵明玉. 介入系统视角下关于孔子学院新闻报道的研究 [J]. 湖北第二师范学院学报, 2015 (7): 120-124.

[140] 赵一璇等. 大学生班级人际关系网络及与人格特征孤独感的关系研究 [J]. 校园心理, 2019 (1): 39-42.

[141] 张保淑. 中国成亚洲最大留学目的国 [N]. 人民日报（海外版）, 2017-09-30 (08).

[142] 张沛. 隐喻的生命 [M]. 北京: 北京大学出版社, 2004.

[143] 张志红, 潘紫微. 全日制专业硕士: 产学研合作培养模式的探索 [J]. 高等工程教育研究, 2011 (4): 132-136.

[144] 政务院, 关于改革学制的决定 [S]. 1951-10-01.

[145] 中共中央办公厅, 中共中央关于经济体制改革的决定 [S]. 1984-12-20.

[146] 中共中央办公厅, 中共中央关于教育体制改革的决定 [S]. 1985-05-27.

[147] 仲伟合, 穆雷. 翻译专业人才培养模式探索与实践 [J]. 中国外语: 中英文版, 2008 (6): 4-8.

[148] 中共中央办公厅, 国务院办公厅. 关于做好新时期教育对外开放工作的若干意见 [S]. 2016-04-29.

[149] 中国教育与人力资源问题报告课题组. 从人口大国迈向人力资源强国 [M]. 北京: 高等教育出版社, 2003.

[150] 中华人民共和国国务院, 1977年高等学校招生工作的意见 [S]. 1977-10-21.

[151] 中华人民共和国国务院, 关于高等学校1978年研究生招生工作安排意见 [S]. 1977-10-21.

[152] 中华人民共和国国务院, 中国教育改革和发展纲要 [S]. 1993-02-13.

[153] 中华人民共和国国务院, 中华人民共和国学位条例 [S].

1981-05-20.

[154] 中华人民共和国国务院. 中华人民共和国学位条例暂定实施办法[S]. 1981-05-20.

[155] 中华人民共和国国务院. 关于审定学位条例授予单位的原则和办法[S]. 1981-05-20.

[156] 中华人民共和国国务院,国家教育委员会. 关于出国留学人员工作的若干暂行规定[S]. 1986-12-13.

[157] 中华人民共和国国务院. 普通高等学校设置条例[S]. 2002.

[158] 中华人民共和国国务院. 国家中长期人才发展规划纲要(2010-2020年[S]. 2010-06.

[159] 中华人民共和国国务院. 关于普通高等学校授予来华留学生我国学位试行办法[S]. 1991.

[160] 中华人民共和国国务院. 中华人民共和国中外合作办学条例[S]. 2003-09-01.

[161] 周丽,刘飞. 主流报纸对中国软实力形象的塑造[J]. 新闻爱好者, 2012（1）.

[162] 周亭,温怡芳,贾文斌. "他塑"视角下涉华国际舆情的困境与应对——以美国媒体涉孔子学院报道为例[J]. 对外传播, 2018（4）.

[163] 周啸生. 埃及开罗大学孔子学院汉语教学本土化研究[J]. 海外英语, 2018（2）.

[164] 周燕. 解析《纽约时报》对孔子学院的报道框架[J]. 新闻研究导刊, 2017（2）.

[165] 周志刚,乔章凤. 海外孔子学院合作办学模式探析[J]. 江苏高教, 2008（5）.

英文参考文献

[1] Adams K., Hean S. & Sturgis P. Investigating the factors influencing professional identity of first – year health & social care students [J]. Learning in Health & Social Care, 2006 (5): 55 – 68.

[2] Akerlof A. & Kranton R. The Economics of Education: Some Lessons from Sociology [J]. Journal of Economic Literature. 200240: 1167 – 1201.

[3] Allen T. Managing the Flow of Technology: Technology Transfer & the Dissemination of Technological Information within the R&D Organization [M]. Cambridge: MIT Press, 1977.

[4] Brown A. & Knight T. Shifts in media images of women appearance and social status from 1960 to 2010 [J]. Journal of Aging Studies, 2015, V35 (03): 74 – 83.

[5] April T. Mandarin Chinese language classes, cultural exchanges coming to MCCSC middle schools [N]. Herald – Times, 2012 – 12 – 15.

[6] Arnott R. & Rowse J. Peer group effects & educational attainment [J]. Journal of Public Economics, 1987, 3 (32): 287 – 302.

[7] Arthur K. Chinese institute spreads across US, but some say it also spreads propaganda [OL/DB]. watchdog. org, 2014.

[8] Astin A. What Matters in College? [M]. San Francisco: Jossey – Bass, 1993.

[9] Avidov-Ungara O. & Forkosh-Baruch A. Professional identity of teacher educators in the digital era in light of demands of pedagogical innovation [J]. Teaching and Teacher Education. 2018 (73),

183 – 191.

[10] Baldwin T. , Bedell M. & Johnson J. The social fabric of a team – based MBA program: network effects on student satisfaction and performance [J]. The Academy of Management Journal, 1997 (6): 1369 – 1397.

[11] Barkhuizen G. Social Influences on Language Learning [M]. The Handbook of Applied Linguistics. Blackwell Publishing Ltd. , 2008.

[12] Bartlett T. & Fischer K. (2011, November 3). The China conundrum: American colleges find Chinese student – boom a tricky fit [OL/DB]. The Chronicle of Higher Education. Retrieved from http://chronicle. com/article/Chinese – Students – Prove – a/ 129628/.

[13] Barnett R. Reshaping the University: New Relationships Between Research, Scholarship & Teaching [M]. London: McGraw – Hill International, 2005.

[14] Bavelas A. Communication Patterns in Task – Oriented Groups [J]. The Journal of the Acoustical Society of America. 1950 (22): 725 – 730.

[15] Becher T. Academic Tribes and Territories: Intellectual Enquiry and the Cultures of Disciplines [M]. Society for Research into Higher Education, 1989.

[16] Bergs A. Social Networks and Historical Sociolinguistics: Studies in Morphosyntactic Variation [J]. The Paston Letters. 2006: 1421 – 1503.

[17] Berkowitz S. An Introduction to Structural Analysis: The Network Approach to Social Research [M]. Butterworth – Heinemann,

1983.

[18] Bethany A. Ebrahimian. House proposal targets Confucius Institutes as foreign agents [S]. Foreign Policy, 2018.

[19] Beth L. Chinese class coming to middle school [OL/DB]. Lima News, 2011.

[20] Betts J. & Morell D. The determinants of undergraduate grade point average [J]. Journal of Human Resources, 1999 (2): 268-279.

[21] Bilics A. Scholarship and Research in occupational therapy education [J]. American Journal of Occupational Therapy, 2014 (68): S87-S92.

[22] Billett S. & Somverville M. Transformations at work: identity and learning [J]. Studies in Continuing Education. 2004 (26): 309-326.

[23] Blackledge D. Hunt B. Sociological Interpretations of Education [M]. London & New York: Routledge, 1985.

[24] Blau P. Exchange & Power in Social Life [M]. New Brunswick, New Jersey: Transaction Publishers, 1958.

[25] Blumenberg H. Work on Myth [M]. Trans. Robert M. Wallace. Cambridge: MIT Press. 1985.

[26] Boorman S. & White H. Social structure from multiple networks: blockmodels of roles and positions [J]. American Journal of Sociology, 1976 (4): 730-780.

[27] Borgatti S. & Cross R. A relational view of information seeking and learning in social networks [J]. Management Science. 2003 (49): 432-445.

[28] Bovill C., Cook-Sather A., Felten P. Millard L., & Morre-

Cherry N. Addressing potential challenges in co‐creating learning and teaching: overcoming resistance, navigating institutional norms and ensuring inclusivity in student‐staff partnerships [J]. Higher Education. 2016 (2): 195-208.

[29] Bourdieu P. & Wacquant L. An Invitation to Reflexive Sociology [M]. Chicago, IL: University of Chicago Press. 1992.

[30] Bourner T. The fully‐functioning university [J]. Higher Education Review, 2008 (40): 3-23.

[31] Bourner T. & Millican J. Student‐community engagement and graduate employability [J]. Widening Participation and Lifelong Learning. 2011, Vol. 13 (2): 68-85.

[32] Brass J. Structural relationships, job characteristics, worker satisfaction & performance [J]. Administrative Science Quarterly, 1981 (26): 331-348.

[33] Bruckner J. & Lee K. Club theory with a peer‐group effect [J]. Regional Science & Urban Economics, 1989 (3): 399-420.

[34] Brown J. & Duguid P. Organizational learning and communities of practice: toward a unified view of working, learning and innovation [J]. Organizational Science. 1991 (2): 40-57.

[35] Buck C. Paradise & Paradigm: Key Symbols in Persian Christianity & the Baha'I Faith [M]. New York: State University of New York Press, 1999.

[36] Bullock W. Media images of the poor [J]. Journal of Social Issues, 2001, 57 (02): 229-246.

[37] Bullough R. Practicing Theory and Theorizing Practice [C]. Loughran J. & Russell T. (Eds.), Purpose, Passion and Pedagogy in Teacher Education. London: Falmer Press.

[38] Burder R. & Fraser B. Use of classroom environment assessment in school psychology: a British perspective [J]. Psychology in the School, 1993 (30): 232-240.

[39] Burke R., Anthony J. & Onwuegbuzie A. Toward a Definition of Mixed Methods Research [J]. Journal of Mixed Methods Research, 2007 (1): 112-133.

[40] Burt R. Structural Holes: The Social Structure of Competition [M]. Cambridge: Harvard University Press. 1992.

[41] Busch P. Tacit Knowledge in Organizational Learning [M]. Hershey, New York: Idea Group Inc, 2008.

[42] Carayannis G. & Campell D. "Mode 3" and "quadruple helix": Toward a 21st century fractal innovation ecosystem [J]. International Journal of Technology Management. 2009 (46): 201-234.

[43] Carrell R., Fullerton J. Does your cohort matter? Measuring peer effects in college achievement [J]. Journal of Labor Economics, 2009 (27): 439-464.

[44] Carey K. (2010, January 22). The China syndrome. The Chronicle of Higher Education [OL/DB]. Retrieved from http://chronicle.com/blogs/brainstorm/the-china-syndrome/20692.

[45] Chamberlain S. Recognizing and Responding to Cultural Differences in the Education of Culturally and Linguistically Diverse Learners [J]. Intervention in School & Clinic. 2005, Vol. 40 (4): 195-211.

[46] Chamberlain T., Catano V. & Cunningham D. Personality as a predictor of professional behavior in dental school: Comparisons with dental practitioners [J]. Journal of Dental Education. 2005

(69): 1222 – 1237.

[47] Choi JB. The representation of North Korean national image in national newspapers in the United States [J]. Public Relations Review, 2010, 36 (04): 392 – 394.

[48] Choo CW. & Bontis N. The Strategic Management of Intellectual Capital & Organizational Knowledge [M]. New York, Oxford: Oxford University Press US, 2002.

[49] Clark B. Complexity & differentiation: the deepening problem of university integration. In D. D. Dill & B Spon (eds) Emerging Patterns of Social Dem& & University Reform: Through a Glass Darkly [M]. Trowbridge: IAU Press & Pergamon, 1995.

[50] Clark A. Organizations in Action: Competition Between Contexts [M]. London & New York: Routledge, 1999.

[51] Clifford M. & Mason C. Leadership for the Common Core: More than one thousand school principals respond [OL/DB]. Alexandria, VA: National Association of Elementary School Principals. Retrieved from https://www.naesp.org/sites/default/files/pdf, 2013.

[52] Clifton C. & Serlin R. The SAGE H&book for Research in Education: Engaging Ideas & Enriching Inquiry [M]. Thous & Oaks, London, New Delhi: Sage Publications, 2006.

[53] Cohen D. et al. A Garbage Can Model of Organizational Choice [J]. Administrate Science Quarterly. March, 1972: 1 – 25.

[54] Cole M. On cultural psychology [J]. American Anthropologist, 1991 (6): 435 – 439.

[55] Coleman S. Social Capital in the Creation of Human Capital [J]. The American Journal of Sociology. March, 1988: 17 – 41.

[56] Connelly F. & Clandinin D. Shaping A Professional Identity: Stories of Educational Practice [M]. New York: Teachers College Press. 1999.

[57] Cook K. & Gilmore M. Emerson R. Yamagishi T. The Distribution of Power in Exchange Networks: Theoryand Experimental Results [J]. American Journal of Sociology, 1983, 89 (2): 833 - 851.

[58] Cook S. & Brown J. Bridging Epistemologies: The Generative Dance between Organizational Knowledge and Organizational Knowing [J]. Organizational Science. 1999 (10): 381 - 400.

[59] Cook S. & Yamagishi T. Power in Exchange Networks: A Power Dependence Formulation [J]. Social Networks. 1992 (14): 245 - 265.

[60] Cowan et al., English teaching in China: a recent survey [J]. TESOL Quarterly. 1979 (12): 257 - 260.

[61] Craib I. Experiencing Identity [M]. London, Thous & Oaks, New Delhi: Sage Publications, 1998.

[62] Curtis R. The Relational Self: Theoretical Convergences in Psychoanalysis & Social Psychology [M]. New York &London: the Guilford Press, 1991.

[63] Daniels H. An Introduction to Vygotsky [M]. London & New York: Routledge, 2005.

[64] Day C., Elliot B. & Kingston A. Reform, standards and Teacher Identity: Challenges of Sustaining Commitment [J]. Teaching and Teacher Education. 2005 (21): 563 - 577.

[65] Day M. Identity & the Young English Language Learner [M]. Clevedon: Multilingual Matters, 2002.

［66］ Delamont S. Atkinson P. & Parry O. ［M］. The Doctoral Experience: Success and Failure in Graduate School. Falmer, 2000.

［67］ Denzin K. & Lincoln S. Handbook of Qualitative Research (3rd Edition) ［M］. Beverly Hills, California: Sage Publications, 2005.

［68］ Detlor B. An Informational Perspective Towards Knowledge Work ［R］. In Information Resources Management Association International Conference. Managing Information Technology in a Global Economy: Implications for Knowledge Management Systems ［C］//Hershey: Idea Group Inc. , 2001.

［69］ Ding S. & Saunders R. Talking up China: an analysis of China's rising cultural power and global promotion of the Chinese language ［J］. East Asia, 2006, 23 (02): 3 – 33.

［70］ Djerasimovic S. Examining the discourses of cross – cultural communication in transnational higher education: from imposition to transformation ［J］. Journal of Education for Teaching International research and pedagogy Volume 40, 2014 – Issue 3: 204 – 216.

［71］ Docjsai R. Integrating aboriginal perspectives into the school curriculum ［J］. World Future Review. 2011 (3): 119 – 122.

［72］ Donald L. & Chang H. Determinants of the Confucius Institute establishment ［J］. The Quarterly Review of Economics and Finance, 2014 (2): 437 – 441.

［73］ Duff P. , Anderson T. , Hnyckyj R. , VanGaya E. & Wang X. Learning Chinese : Linguistic, Sociocultural and Narrative Perspectives ［M］. Boston: De Gruyter Mouton, Cop.

［74］ Easterby –Smith M. Marjorie A. The Blackwell H&book of Organizational Learning & Knowledge Management ［M］. Malden: Blackwell

Publishing, 2003.

[75] Eisenkopf G. Peer Effects, Motivation & Learning [J]. Economics of Education Review, 2010 (29): 0 – 374.

[76] Emerson R. Power-dependence relations [J]. American Sociological Review. 1962 (31): 31 – 41.

[77] Emerson R. Exchange theory Part I: A psychological basis for social exchange [A]. in Sociological Theories in Progress [C]. Boston: Houghton Mifflin. 1972: 38 – 87.

[78] Emily M. & Su J. Friends from Afar? American media coverage of China's Confucius Institutes [J]. Journalism Practice, 2016 (08): 1000 – 1025.

[79] Evans K. & Niemeyer B. Reconnection: Countering Social Exclusion Through Situated Learning [M]. Berlin: Springer, 2004.

[80] Evans W. & Oates W. Measuring peer group effects: a study of teenage behaviour [J]. Journal of Political Economy. 1992 (5): 906 – 991.

[81] Feinstein L. & Symons J. Attainment in secondary school [J]. Oxford Economic Papers. 1999 (2): 2.

[82] Ferguson C. Diglossia in Sociolinguistic Perspectives: Papers on Language in Society, 1959 – 1994 [M]. Oxford: Studies in Sociolinguistics, 1996.

[83] Fishman J. The Sociology of Language: An Interdisciplinary Social Science Approach to Language in Society [M]. Newbury House Publishers, 1972.

[84] Fombrun C. The Telecommunications Community: An Institutional Overview [J]. Journal of Communication, 2006 (4): 56 – 67.

[85] Foster G. It's not your Peers, & it's not your friends: some progress toward understanding the educational peer effect mechanism [J]. Journal of Public Economics. 2006 (8): 1455 – 1475.

[86] Frank Ninkovich. The Diplomacy of Ideas: US Foreign Policy and Cultural Relations [M]. New York Cambridge University Press, 1981: 27.

[87] Fraser B. Classroom Environment [M]. London: Croom Helm, 1986.

[88] Fraser B. Research on Classroom and School Climate. [R]. in D. Gabel (Eds), Handbook of Research on Science Teaching and Learning [C]//New York: Macmillan, 1994.

[89] Fraser B. Science learning environments: Assessment, effects and determinants [A] in Fraser B & K Tobin (Eds.), The International Handbook of Science Education [C]. The Netherlands: Kluwer Academic Publishers, 1998: 527 – 561.

[90] Frauenfelder E. & Santoianni F. Mind, Learning & Knowledge in Educational Contexts: Research Perspectives in Bioeducational Sciences [M]. London: Cambridge Scholars Press, 2003.

[91] Freeman L. Centrality in social networks: conceptual clarification [J]. Social Networks. 1977 (1): 215 – 239.

[92] Furman N, Goldberg D & Lusin N. Enrollments in languages other than English in United States institutions of higher education, Fall 2006 [J]. Modern Language Association of America, 2014 (299): 42.

[93] Gao Y H. & Li Y X &, & Li W L. EFL learning and self – identity construction: three cases of Chinese college English majors [J]. Asian Journal of English Language Teaching. 2002

(12): 95-119.

[94] Ghulam S. &, Shahzad A., Zafar I. US mass media and image of Afghanistan: portrayal of Afghanistan by Newsweek and Time [J]. South Asian Studies. 2011, 26 (01): 83-101.

[95] Gil J. The Promotion of Chinese Language Learning and China's Soft Power [J]. Asian Social Science. 2008, Vol. 4 (10): 116-122.

[96] Goh S C. &; Deidra J. Psychosocial climate and Student outcomes in elementary mathematics classrooms: a multilevel analysis [J]. Journal of Ex perimental Education. 1995, (64): 29-42.

[97] Gommers L & Hermans C. Beliefs in action: teachers' identity influences schools' identity? [J]. International Journal of Education and Religion. 2003 (4): 186-198.

[98] Graham E. Confucius Institutes threaten academic freedom [J]. Academe. 2016, 100 (5): 4-5.

[99] Grandstrand K. Aberdeen's Roncalli sharpening focus on academics [Z]. American News. 2016 (31).

[100] Grandstrand K. Chinese language minor approved for Northern [Z]. American News. 2018 (9).

[101] Grannovetter M. The strength of weak ties [J]. American Journal of Sociology. 1973 (78): 1360-1380.

[102] Guiora A. et al. The Effects of Experimentally Induced Changes in Ego Status on Pronunciation Ability in A Second Language: An Explanatory Study [J]. Comprehensive Psychiatry. 1972 (13): 421-428.

[103] Gu X. Assessment of intercultural communicative competence in FL education: A survey on EFL teachers' perception and practice

in China [J]. Language and Intercultural Communication. 2016, 16 (2): 15-27.

[104] Gu M. & Patkin J. Heritage and identity: ethnic minority students from South Asia in Hong Kong [J]. Linguistics and Education. 2013, 24 (2): 131-141.

[105] Hakkarainen K., Palonen T. & Paavola S. Communities of Networked Expertise: Professional & Educational Perspectives [M]. Amsterdam: Emerald Group Publishing: 2004.

[106] Halliday T. & Kwak S. What is a Peer? The role of network definitions in estimation of endogenous peer effects [D]. UCSD the IZA/SOLE Trans-Atlantic Meetings, 2008.

[107] Hartig F. Confucius Institutes and the Rise of China [J]. Journal of Chinese Political Sciences. 2011 (11): 53-76.

[108] Hartig F. New Public Diplomacy Meets Old Public Diplomacy: the Case of China and Its Confucius Institutes [J]. New Global Studies. 2014 (8): 331-352.

[109] Hasrati M. Legitimate Peripheral Participation and Supervising PhD Students [J]. Studies in Higher Education. 2005 (30).

[110] Henderson V., Mieszkowski P & Sauvageau Y. Peer group effects and eduational production functions [J]. Journal of Public Economics. 1978 (10): 0-106.

[111] Hanushek E. et al. Does peer ability affect student achievement? [J]. Journal of Applied Econometrics. 2003 (18): 527-544.

[112] Haydn T. Managing Pupil Behavior: Improving the Classroom Atmosphere (2nd edition) [M]. New York: Routledge, 2012.

[113] Keevers L. Transnational team builds professional development resource for transnational teams [J]. HERDSA News. 2014, 36

(1).

［114］ Hermans C. Participatory Learning: Religious Education in a Globalizing Society［M］. Leiden, Boston: Brill, 2003.

［115］ Howe E. & Xu SJ. Transcultural teacher development within the dialectic of the global and local: Bridging gaps between east and west［J］. Teaching and Teacher Education, 2013（36）: 33 - 43.

［116］ Hoxby C. & Weingarth G. Taking race out of the equation: school reassignment & the structure of peer effects［S］. Working Paper, 2006.

［117］ Hubbert J. Ambiguous states: Confucius Institutes and Chinese soft power in the U S classroom［J］. Political & Legal Anthropology. 2014, 37（2）: 329 - 349.

［118］ Hymes D. On Communicative Competence［A］. In Pride J. & Holmes J.（Eds.）Sociolinguistics［C］. Harmondsworth: Penguin Books. 1972: 13 - 21.

［119］ Ibarra H. Personal Networks of Women and Minorities in Management: A Conceptual Framework［J］. Academy of Management Review. 1993, Vol. 18（1）: 56 - 87.

［120］ Ibarra H. Provisional Selves: Experimenting with Image and Identity in Professional Adaptation［J］. Administrative Science Quarterly. 1999（44）: 764 - 791.

［121］ Ibarra H., Kilduff M. & Tsai M. Zooming in and out: Connecting individuals and collectivities at the frontiers of organizational research［J］. Organizational Science. 2005（16）: 359 - 371.

［122］ Ikiugu M. & Rosso H. Facilitating professional identity in occupational therapy students［J］ Occupational Therapy International. 2003,

Vol. 10（3）：206-225.

[123] Ingold T. The Optimal Forager and Economic Man [A]. In Descola, P. & G. Palsson. Nature & Society：Anthropological Perspectives [C]//London & New York：Routledge, 1996：27-39.

[124] Ingold T. The Perception of the Environment：Essays on Livelihood, Dwelling & Skill [M]. London & New York：Routledge, 2000.

[125] Ingold T. Becoming Persons：Consciousness & Sociality in Human Evolution [R]. In Moore, H. & T. S&ers. Anthropology in Theory：Issues in Epistemology [C]//Malden：Blackwell Publishing, 2006.

[126] Institute of International Education. Open Doors Report [C]. 2006.

[127] Ivie S. Models and metaphors [J]. McGill Journal of Education. 2007（42）：11-3.

[128] Janetius S. Indigenous Therapeutic Counselling：The Indian Scenario [OB/OL]（http：//Janetius. Page. tl/counselling-model-india. htm）2005.

[129] Brudereck J. Berks bolsters ties with China：Visit seen as helping education and trade [Z]. Reading Eagle. 2010（20）.

[130] Jenkins R. Social identity [M]. London：Routledge 1996.

[131] Jenna M. A cultural exchange [N]. Bowling Green Daily News, 2011-07-14.

[132] Jin L. & Cortazzi M. Large Classes in China：'good' teachers and interaction, In D. Watkins & J. Biggs（eds.）Teaching the Chinese Learner, psychological and pedagogical perspectives

[D]. Hong Kong：CERC/ACER. 2001.

[133] John – Steiner V, Panofsky C & L Smith. Socialcultural Approaches to Language & Literacy：An Interactionist Perspective [M]. New York：Cambridge University Press, 1994.

[134] John – Steiner V. & Mahn H. Socialcultural approaches to learning and development：a Vygotskian framework [J]. Educational Psychologist, 1996 (3)：191 – 206.

[135] Johnson R. & Onwuegbuzie A. Mixed methods research：a research paradigm whose time has come [J]. Educational Researcher. 2004 (33)：14 – 26.

[136] Jones S. & Abes E. Enduring Influences of Service – Learning on College Students'Identity Development [J]. Journal of College Student Development. 2004, 45 (2)：149 – 166.

[137] Rogin J. Waking up to China's infiltration of American colleges [N]. Capitol Hill, 2018 – 02 – 18.

[138] Kafai Y. ICLS 2004 Embracing diversity in the learning sciences：proceedings ：June 22 – 26 [C]//London & New York：Routledge, 2004 (6).

[139] Keay J., May H. & O'Mahony J. Improving learning and teaching in transnational education：can communities of practice help？[J]. Journal of Education for Teaching, 2014. 40 (3)：251 – 266.

[140] Keevers L., Lefoe G. & Leask B. et al. I like the people I work with. Maybe I'll get to meet them in person one day：teaching and learning practice development with transnational teaching teams [J]. Journal of Education for Teaching. 2014, Vol. 40. Issue 3：Special Issue：Transnational and transcultural positionality

in globalised higher education: 232 – 250.

[141] Knoke D. & Burt R. Prominence. In R. Burt & M. J. Minor (Eds.), Applied Network Analysis. A Methodological Introduction [D]. Beverly Hills: Sage Publications, 1983: 123 – 130.

[142] Kompf M., Bond M. & Boak R. Teachers'identities: Overview. In Kompf M, Bond M, Dworet D. & Boak R. (Eds.), Changing research and practice [D]. London: Falmer, 1996: 67 – 68.

[143] Kramsch C. The Multilingual Subject [M]. Oxford University Press. 2009.

[144] Kremer M. & Levy D. Peer effects and alcohol use among college students [J]. Journal of Economic Perspectives. 2008 (22): 189 – 206.

[145] Krohn M. The Web of Conformity: A Network Approach to the Explanation of Delinquent Behavior [J]. Social Problems. 1986, Vol. 33, No. 6, Special Theory Issue (Oct. – Dec., 1986): S81 – S93.

[146] Labov W. Some principles of linguistic methodology [J]. Language in Society. 1972, Vol. 1 (1): 97 – 120.

[147] Lai C, etl. Teacher agency and professional learning in cross – cultural teaching contexts: Accounts of Chinese teachers from international schools in Hong Kong [J]. Teaching and Teacher Education. Volume 54, February 2016: 12 – 21.

[148] Larsen – Freeman D, Long M H. 2000. An introduction to second language acquisition research [M]. Beijing: Foreign Language Teaching & Research Press.

[149] Lave J. Cognition in Practice: Mind, Mathematics, and Culture

in Everyday Life［M］. Cambridge, UK：Cambridge University Press. 1988.

［150］Lave J. & Wenger E. Situated Learning：Legitimate Peripheral Participation［M］. Cambridge：Cambridge University Press, 1991.

［151］Lawler S. Identity：Sociological Perspectives［M］. Cambridge：Polity Press, 2007.

［152］Leavitt H. Some Effects of Certain Communication Patterns on Group Performance［J］. Journal of Abnormal Psychology. 1951, Vol. 46：38 – 50.

［153］Levine J. The sphere of influence［J］. American Sociological Review. 1972（37）：14 – 27.

［154］Lewin K. Field Theory in Social Science：Selected Theoretical Papers［M］. New York：Harper and Bros, 1951.

［155］Lightbown P. & Spada N. How Languages are Learned［M］. Oxford：Oxford Press, 1999.

［156］Li H. & T Li. The gender difference of peer influence in higher education［J］. Economics of Education Review. 2009（28）：0 – 134.

［157］Linn L., Howard A. & Miller E. Research in Cooperative Education & Internships［M］. Mahwah, London：Lawrence Erlbaum Associates：2003.

［158］Lyle D. Estimating & interpreting peer and role effects from r&omly assigned social groups at West Point［J］. Review of Economics & Statistics. 2007（89）：289 – 299.

［159］Malinowski B. Ethnology and the Study of Society［J］. Economica, 1922（6）：200 – 219.

［160］McGlone S. What is the explanatory value of a conceptual metaphor? ［J］. Language & Communication. 2007（27）：109 – 126.

［161］Merleau – Ponty. The Prose of the World ［M］. trans. John O, Neil, Evanston：Northwestern University Press, 1973.

［162］Millican J. Community university engagement：a model for the 21st century? paper presented at Global Citizens Conference ［D］. University of Bournemouth, 2007.

［163］Mizruchi M. Social network analysis：recent achievements and current controversies ［J］. Acta Sociologica. 1994：329 – 343.

［164］Moll L., Amanti C., Neff D. &Gonzales N. Funds of knowledge for teaching：Using a qualitative approach to connect homes to schools ［J］. Theory into Practice, 1992（31）：132 – 141.

［165］Montgomery C. Transnational and transcultural positionality in globalised higher education ［J］. Journal of Education for Teaching. 2014, 40（3）：198 – 203.

［166］Moreno J. Who Shall Survive? A New Approach to the Problem of Human Interrelations ［M］. New York：Beacon House, 1934.

［167］Moser S. Metaphors as symbolic environment of the self：how self – knowledge is expressed verbally ［J］. Current Research in Social Psychology. 2007（12）：151 – 178.

［168］Munby H. & Russell T. Metaphor in the Study of Teacher's Professional Knowledge ［A］. Presented at the Annual Meeting of the American Educational Research Association, 1989.

［169］Nonaka I. & Takeuchi H. The Knowledge – creating Company：How Japanese Companies Create the Dynamics ［M］. New York, Oxford：Oxford University Press US, 1995.

[170] NortonB. Identity and Language Learning：Gender, Ethnicity and Educational Change［M］. Harlow, England；New York：Longman. 2000.

[171] Norton B. & Toohey K. Changing Perspectives on Good Language Learners［J］. TESOL Quarterly. 2001, Vol. 35（2）：307－322.

[172] Nystrom S. The Dynamics of Professional Identity Formation：Graduates'Transitions from Higher Education to Working Life［J］. Vocations and Learning. 2009, Vol. 2（1）：1－18.

[173] Reid N. & Smith W. Social Network Analysis［J］. Economic Development Journal. 2009, 8（3）：48－55.

[174] O'Donnell V. & Tobbell J. The Transition of Adult Students to Higher Education：Legitimate Peripheral Participation in A Community of Practice?［J］. Adult Education Quarterly. 2007（57）：313－345.

[175] Olssen M. & Peters M. Neoliberalism, higher education and the knowledge economy：From the free market to knowledge capitalism［J］. Journal of Education Policy. 2005（20）.

[176] Oreopoulos P. The long－run consequence from living in a poor neighborhood［D］. Center for Labor Economics Working Paper, University of California, Berkeley. 2001.

[177] Palmer P. The Heart of A Teacler：Identity and Integritg in Teaching［M］. San Francisco：Jossey－Bass Publishers, 1998.

[178] Paradise J. China and international harmony：the role of Confucius Institutes in bolstering Beijing's soft power［J］. Asian Survey, 2009, 49（4）：647－669.

[179] Parsons T. The school class as a social system［A］. in Ballantine,

J. & J. Spade. Schools and Society-A Sociological Approach to Education (3rd Edition) [C]. Thousand Oaks, California: Sage Publications, Inc., 2008: 187-194.

[180] Perkins D. Introduction: New concepts of thinking [J]. Educational Psychologist. 1993 (12): 1-5.

[181] Peterson R. Confucius Institutes on campus: a new threat to academic freedom [J]. Academic Questions. 2017, 30 (3): 327-334.

[182] Philips D. & Soltis F. Thinking About Education—Perspectives on Learning (4th Edition) [M]. New York: Teachers College Press, 2003.

[183] Pilbeam C. & Denyer D. Lone scholar or community member? The role of student networks in doctoral education in a UK management school [J]. Studies in Higher Education. 2009 (3): 301-318.

[184] Portes A. Social Capital: Its Origins and Applications in Modern Sociology [J]. Annual Review of Sociology. 1998 (24): 43-67.

[185] Powell L., Tauras J. &Ross H. Peer Effects, Tobacco Control Policies, and Youth Smoking Behavior. Research Paper Series [C]. No. 24, University of Illinois at Chicago, 2003.

[186] Pyvis D. The need for context-sensitive measures of educational quality in transnational higher education [J]. Teaching in Higher Education. 2011 (16): 733-744.

[187] Renninger K. & Shumar W. Building Virtual Communities: Learning & Change in Cyberspace [M]. Cambridge: Cambridge University Press, 2002.

［188］ Sawyer R. The Cambridge H&book of the Learning Sciences ［M］. Cambridge: Cambridge University Press, 2005.

［189］ Rouse J. Language Learning and Identity ［J］. The English Journal. 1988 (77): 22-28.

［190］ Russo T. & Koesten J. Prestige, Centrality, and Learning: A Social Network Analysis of An Online Class ［J］. Communication Education. 2005 (54): 254-261.

［191］ Ryan A. The peer group as a context for the development of young adolescent motivation & achievement ［J］. Child Development. 2001 (72): 1135-1150.

［192］ Sacerdote B. Peer Effects with Room Assignment: Results for Dartmouth Roommates ［J］. Quarterly Journal of Economics. 2001 (2): 681-784.

［193］ Sayers S. Identity and community ［J］. Journal of social philosophy. 1999 (30): 147-160.

［194］ Schmidt H. China's Confucius Institutes and the "Necessary White Body" ［J］. Canadian Journal of Sociology. 2013 (38): 647-668.

［195］ Schmitt R. Systematic metaphor analysis as a method of qualitative research ［J］. The Qualitative Report. 2005 (10): 358-394.

［196］ Schumann J. Second language: the Pidginization hypothesis ［A］. In Hatch E. (Eds.) Second Language Acquisition: A Book of Readings ［C］. Rowley, MA: Newbury House. 1976a: 225-262.

［197］ Schumann J. Second language acquisition: the Pidginization hypothesis ［A］. In Brown J. & Gonzo S. (Eds.) Readings on Second Language Acquisition ［C］. New Jersey: Prentice Hall Reagents.

1976b: 391-408.

[198] Schwertner R. et al. Transition from Student to Physical Therapist [J]. Physical Therapy. 1987, Vol. 67 (5): 695-701.

[199] Scott J. Social Network Analysis: A Handbook [M]. Newbury Park, CA: Sage Publications, 1991.

[200] Scribner S. Knowledge at Work [J]. Anthropology and Education Quarterly. Fall 1985: 199-206.

[201] Sherman S., Hamilton D. & Lewis A. Perceived Entiativity and the Social Identity Value of Group Memberships [A]. In Abrams & Hogg (Eds.), Social Identity and Social Cognition [C]. Malden, MA: Blackwell, 1999.

[202] Shumann J. Social and Psychological Distance as Factors in Second Language Acquisition [A]. in The Pidginization Process: A Model for Second Language Acquisition [C]. Rowley, Mass: Newbury House. 1978.

[203] Siegel J. Substrate Influence in Creoles and the Role of Transfer [A]. in Second Language Acquisition Studies [C] in Second Language Acquisition. 2003 (25).

[204] Siegfried J. & Gleason M. Academic roommate peer effects [R]. Working Paper, 2006.

[205] Silbergeld S., Koenig G. & Manderscheid R. Assessment of the psychosocial environment of the classroom: the class atmosphere scale [J]. The journal of Social Psychology. 1976 (100): 65-76.

[206] Simmel G. The Sociological Significance of the 'Stranger' [A]. in Park, Robert E., and E. W. Burgess. Introduction to the Science of Sociology [C]. Chicago: University. of Chicago

Press，1921.

[207] Smith A. The Theory of Moral Sentiments [M]. Penguin Classics. 2010.

[208] Smith D. & Whitmore K. Literacy & Advocacy in Adolescent Family, Gang, School, & Juvenile Court Community [M]. London & New York：Routledge, 2006.

[209] Somekh B. & Lewin C. Research methods in the Social Sciences [M]. London, Thous & Oaks, New Delhi：Sage, 2005.

[210] Sproull L. Connections：New Ways of Working in the Networked Organization [M]. Cambridge：MIT Press, 1991.

[211] Starr D. 'Chinese language education in Europe：the Confucius Institutes' [J]. European Journal of Education. 2009, 1（44）：65-82.

[212] Starr G. Making the Forcign Familiar [A]. Times Educational Supplement, 8/29/2014.

[213] Starr K. Implications of Radically Transformational Challenges Confronting Education Business Leadership [J]. Business Education & Accreditation. 2014, 6（2）：95-110.

[214] Stinebrickner R. & Stinebrickner T. What can be learned about peer effects using college roommates？evidence from new survey data & students from disadvantaged backgrounds [J]. Journal of Public Economics. 2006（90）：1435-1454.

[215] Stockhausen L. Learning to become a nurse：Students' reflections on their clinical experiences [J]. The Australian Journal of Advanced Nursing：A Quarterly Publication of the Royal Australian Nursing Federation, 2005（22）：8-14.

[216] Summers A. & Wolfe B. Do schools make a difference？[J].

American Economic Review. 1977 (4): 639-652.

[217] Snyder S. Temple to start city's first Confucius Institute [Z]. Philadelphia Inquirer, 2015 (18).

[218] Tajfel H. & Turner J. The Social Identity Theory of Intergroup Behavior [J]. Psychology of Intergroup Relations. 1986 (5): 7-24.

[219] Tan K. The confluence of physical, organizational & informational space in academic communities [D]. Cambridge: Harvard Design School, Harvard University, 2003.

[220] Tao X. China's Confucius Institutes: Self-promotion or cultural imperialism? [Z]. CNN, 2014-10-21.

[221] Theo M. & Leung H. China's Confucius Institute in Indonesia: mobility, frictions and local surprises [J]. Sustainability. 2018, 10 (2): 1-15.

[222] Thomas J. Project-based Learning: Overview [M]. Novato, CA: Buck Institute for Education. 1998.

[223] Thomas L. Ties that bind: a social network approach to understanding student integration and persistence [R]. ASHE Annual Meeting Paper, 1998.

[224] Toohey K. Learning English at School: Identity, Social Relations, and Classroom Practice [M]. Clevedon, UK: Multilingual Matters. 2000.

[225] Tryssenaar J. & Perkins J. From student to therapist: Exploring the first year of practice [J]. American Journal of Occupational Therapy. 2001. Vol. 55 (1): 19-27.

[226] Trow M. Problems in the transit ion from elite to mass higher education, Berkeley [M]. Ca. Carnegie Commission on Higher

Education, 1973.

［227］ Turner D. Theory and Practice of Education ［M］. London: Continuum Books. 2007.

［228］ Turner S. 2007. Defining a discipline: sociology and its philosophical problem, from its classics to 1945 ［A］. In Stephen Turner & Mark Risjord (eds.), Philosophy of Anthropology and Sociology ［C］. Amsterdam: Elsevier.

［229］ Walberg H. & Anderson G. Classroom climate and individual learning ［J］. Journal of Educational Psychology. 1968, 59 (6): 414–419.

［230］ Wasserman S. & Faust K. Social Network Analysis: Methods and Applications ［M］. Cambridge: Cambridge University Press, 1994.

［231］ Watson-Gegeo K. & Nielsen S. language Socialization in SLA. In Doughty J & Long H. (Eds), ［A］. The Handbook of Second Language Acquisition ［C］. Oxford: Blackwell. 2003.

［232］ Weinreich U. Language in Contact: Findings and Problems ［M］. The Hague: Mouton & Co, . 1954.

［233］ Wellman B. Applying network analysis to the study of support ［A］. in Gottlieb B. (Ed. s), Social Networks and Social Support ［C］. Beverly Hills: Sage. 1981.

［234］ Wenger E. Communities of Practice: Learning, Meaning, & Identity ［M］. Cambridge: Cambridge University Press, 1999.

［235］ Wenger E. Communities of Practice and social learning systems: the career of a concept ［A］. In Blackmore C. (Eds.) Social Learning Systems and Communities of Practice. Springer Verlag and the Open University. 2010.

[236] West C. & Chur-Hansen A. Ethical Enculturation: the Informal and Hidden Ethics Curricula at an Australian Medical School [J]. Focus on Health Professional Education: A Multi-Disciplinary Journal. 2004, Vol. 6 (1): 85-99.

[237] Wheeler A. Cultural diplomacy, language planning, and the case of the university of Nairobi Confucius Institute [J]. Journal of Asian & African Studies. 2013, Vol. 2 (49): 49-63.

[238] Wasserman S. & Faust K. Social Network Analysis: Methods & Application [M]. Cambridge: Cambridge University Press, 1994.

[239] Waters L. The wild east: Humanists' great opportunity in China [J]. The Chronicle of Higher Education. 2002 (29): 49-57.

[240] Wellman B. & Berkowitz S. Social Structures: A Network Approach [M]. Cambridge: Cambridge University Press.

[241] Wenger E. Communities of Practice: Learning, meaning and identity [M]. Cambridge University Press.

[242] Anita W. Cultural diplomacy, language planning, and the case of the university of Nairobi Confucius Institute [J]. Journal of Asian & African Studies. 2013, 2 (49): 49-63.

[243] Wiles F. Not Easily Put Into a Box: Constructing Professional Identity [J]. Social Work Education: the International Journal. 2013 (3): 854-866.

[244] Yazedjian A., Toews M., Sevin T. & Purswell K. "It's a whole new world": a qualitative exploration of college students' definitions of & strategies for college success [J]. Journal of College Student Development. 2008 (49): 141-154.

[245] Vygotsky L. Thought & Language [M]. Cambridge, Mass.: MIT

Press，1986.

［246］ Vygotsky L. Mind in Society：The Development of Higher Psychological Processes［M］. Cambridge，Mass. ：Harvard University Press，1978.

［247］ Zimmerman D. Peer effects in academic outcomes：evidence from a natural experiment［J］. The Review of Economics & Statistics. 2003（85）：9－23.

［248］ Young T. & Sachdev I. & Seedhouse P. Teaching and learning culture on English language programmes：A critical review of the recent empirical literature［J］. International Journal of Innovation in Language Learning and Teaching. 2009，3（2）：149－169.

［249］ Zhang Y. & Guo Y. Becoming Transnational：Exploring Multiple Literacies and Identities of Children in a Mandarin－English bilingual program in Canada［J］. Globalization，Societies and Education. 2015（13）：19－29.

［250］ Zhou ML. Globalization and Language Order：Teaching Chinese in Global Contexts：Multimodality and Literacy in the New Media Age［M］. London：Bloomsbury Academic. 2011.

网站参考文献

［1］ http：//p. widencdn. net/zqvujs/2006－IIE－Annual－Report http：//www. hanban. edu. cn/article/2011－11/11/content_378555. htm

［2］ http：//news. xinhuanet. com/politics/2011－11/10/c_122262728. htm.

［3］ http：//www. xinhuanet. com/video/zhibo/whdjt20111110a/wz. htm.

［4］ http://www.chinanews.com/cul/2011/11-01/3430211.shtml.

［5］ http://world.people.com.cn/n/2014/0311/c1002-24595486.html.

［6］ http://www.chinapictorial.com.cn/ch/se/txt/2011-01/04/content_322657.htm

［7］ http://www.hanban.edu.cn/article/2011-11/12/content_380277_5.htm.

［8］ http://news.sina.com.cn/o/2010-01-08/130019427779.shtml.

［9］ http://news.sina.com.cn/c/p/2015-06-23/071431977785.shtml.

［10］ http://culture.people.com.cn/n/2014/0311/c87423-24599056.html.

［11］ http://www.chinese.cn/newssummary/article/2011-11/14/content_380611_2.htm.

［12］ http://news.xinhuanet.com/politics/2011-11/10/c_122262763.htm.

［13］ http://interview.gmw.cn/2015-03/07/content_15026998.htm.

［14］ http://www.xinhuanet.com/video/zhibo/whdjt20111110a/zx.htm

［15］ http://news.ifeng.com/world/detail_2012_05/25/14796190_0.shtml.

［16］ http://news.xinhuanet.com/politics/2014-03/12/c_119742511.htm.

附录　　调查问卷

亲爱的同学：

　　我们正在进行一个关于汉语国际教育硕士学习关系的研究，需要您的协助完成以下这些问卷。您的答案将作为重要的研究数据，对本研究的最终结果产生影响。您的所有资料、信息将完全服务于学术研究的目的，我们将充分保密。请不必顾虑，如实作答。谢谢！

　　请在符合对您描述的号码项下打√

　　非常同意1，同意2，不确定3，不同意4，非常不同意5

1. 我擅长与他人合作学习。
2. 我擅长独立学习。
3. 我有很多朋友。
4. 我与同班同学相处愉快。
5. 我与舍友相处愉快。
6. 我对自己目前的学习绩效满意。
7. 与班级同学的关系会影响我的学习。
8. 与舍友的关系会影响我的学习。
9. 我在班级中位置重要。

　　请回答下列问题，将符合下列描述的同学的号码写下即可（可多选）。

10. 需要合作学习时，与哪些同学组合你的学习效果最好？

11. 需要合作学习时，最喜欢与哪些同学组合？

12. 期末复习时与哪些同学有合作学习的习惯？

13. 上课时，你常常与谁坐在一起？

14. 你常常与谁一起自习？

15. 学习上遇到困难最喜欢向哪些同学请教？

16. 学习上遇到困难哪些同学会主动帮助你？

17. 据你所知，哪些同学乐意跟他人分享学习资料？

18. 期末复习时需要某门课的笔记，你最有可能向谁借用？

19. 除了同学关系，哪些同学私下也是你很好的朋友？

20. 哪些同学可以让你放心地告诉自己的想法、心事、私事？

21. 你经常与哪些同学分享学习的资料、知识和经验？

22. 哪些同学可能乐意与他人分享学习的资料、知识和经验？

23. 合作学习时，哪些同学乐于助人并主动分担更多的工作？

24. 据你了解，哪些同学关于学习的信息比较丰富？

25. 据你了解，哪些同学比较擅长利用各种学习资源？

26. 如果将你熟悉的汉语国际教育专业同年级同学之间的学习关系描述成一个网络，你认为哪些同学处于这个网络的中心位置？为什么？

27. 你认为同学之间的学习关系是否会影响你的学习绩效？为什么？

后　　记

　　本书是我在北京理工大学国际交流合作处工作的第八个年头完成的。上一个忙碌充实的八年，是在北京理工大学攻读学士、硕士学位，在北京大学教育学院攻读博士学位。从高等教育学的研究者到实践者，一直在高等教育领域从事基础的工作，收获了领导、同事、亲人的满满情谊。回顾这16年，感恩之情溢满心头。

　　感谢给我安身立命之处，并慷慨赋予我研究空间的北京理工大学。1994年至今，我在这里学习、工作，并从讲台来到了管理第一线。教学与管理实践的疑惑和感悟融合在一起，催生了此书。虽然只是浅探，也可能贻笑大方，所幸的是从事的研究始终能与工作密切相关，关注的焦点也一直是学生群体，这与北京理工大学校领导、出版社、研究生院、国际交流合作处、外国语学院、人文社会科学学院的领导和同事的支持密不可分，也只有在这样一个务实而宽容的环境里，我才能在一所理工科为主的高校里开展汉语国际教育管理研究。写作困顿时，我会想到大家的鼓励，就连北理工二号教学楼、中心教学楼的点点灯光，也是陪我写作的忠实伙伴。

　　母亲的坚强支撑我，女儿的健康成长鼓励我，此书献给你们！

邢清清
2019年3月